新潮新書

千正康裕

SENSHO Yasuhiro

ブラック霞が関

JN018347

885

新潮社

まえがき

２０１９年9月30日、僕は18年半勤めた厚生労働省を退官しました。どうしてもなりたかった職業に就き、育ててもらい、使われすぎるほど使ってもらいました。

例えば、年金、子育て、働き方、児童福祉、医療など幅広い分野で法律改正など、重要な仕事に携《たずさ》わることができました。政治家をサポートする秘書官の経験も得がたいものでしたし、外国（インド）でも仕事をする機会をいただきました。

僕は、官僚の仕事とは、「現場や人の生活の中にある課題を発見し、それを解決するための政策をつくること」だと思っています。そのために、厚労省の分野を中心に支援やビジネスの現場に足を運び、団体の代表や支援者、ビジネスマンたちと対話するのがライフワークでした。例えばホームレス、性犯罪やＤＶの被害者、児童虐待の被害児童、中途退学した若者や引きこもりの支援や自殺対策、子ども食堂、困難を抱える若年女性の支援、外国ルーツの子ども・若者支援、ヘルスケア関係の企業、中小企業などです。

自分が霞が関でやっている法改正などの仕事がどうやって人に届いているのかをどうしても知りたくて、平日の夜や休日にこうした現場によく行っていました。NPOや企業などの民間の関係者と信頼関係を築きながら、現場の実態から政策を立案することを心がけてきました。

また、自分が携わった法改正の内容が、全く国民に届いていない状態で法律ができていくことに愕然として、10年くらい前から実名でブログやツイッターを使って情報発信もしてきました。法改正や政策を通じて本当に人の生活がよくなるためには、政策の中身や作り方を一般の人が理解できるようにして、人々の行動が変わるようにする必要があると考えたからです。

このように、よい政策をつくるために必要だと思ったことは、他の官僚がやっていないことでも素直に行動に移してきました。その意味では、自由な官僚だったと思いますが、そのことで一度も厚労省に怒られたことはありません。

こんな自分を受け入れ、思うとおりにさせてくれて、たくさんの活躍の場を与えてくれたのが厚労省でした。

その結果、厚労省や他省庁、そして民間企業や地方自治体、NPOなど民間団体にも、たくさんの仲間ができました。僕の考えにフィードバックをくれるブログやツイッターの読者もいます。今振り返っても、本当に最高の職業人生でした。この間、関わってくれたすべての方に感謝しかありません。

そんな自分が、大好きな厚労省・霞が関を離れる決断をしました。近年、見える景色が急に変わったからです。僕は、官僚としては少し変わっていたかもしれません。他人からの評価よりも自分がよいと思ったことを優先し、素直に行動に移します。組織に言われなくても社会に必要だと思えば、新しいことにも取り組んできました。

信頼する同期からも「やることが決まっている政策をちゃんとつくっていくことは誰でもできる。そういう仕事は俺たちに任せろ。お前は誰にもできない新しいことができるんだから、どんどん新しいことをやっていったらいいよ」と言われていました。

しかし、やらないといけない仕事をしっかりやった上で、さらに新しいことをやろうとすれば、仕事の量が増えます。それでも管理職になるまでは、プレイヤーである自分自身が頑張れば、増えた作業をこなすことができていました。

18年に僕が管理職になった頃、役所は深刻な人手不足に陥っていました。関係者の意見を聞きながら方向性を示し、若い人たちに作業をお願いしないといけません。ところが、作業を進める若い人たちが圧倒的に不足していました。新しいアイディアを思いついて、新しい事業をより効果的なものにしようとしたら、行政経験の長い年上の部下に止められたことがありました。「担当者は今でも死ぬほど残業しているのに、これ以上仕事が増えたらパンクしてしまう」と。

部下に、体を壊したり、家庭を崩壊させたりするような働き方を強いることはもちろんできません。組織全体を見わたしてみると、ほかの部署も状況は同じでした。最低限やらないといけない仕事すらこぼれ落ちそうな状況です。このままでは厚労省が崩壊してしまう、という危機感を覚えました。管理職としては、最低限の労力で、とはいえ税金を使っている仕事ですから、国民に怒られないギリギリの及第点を狙うようなマネジメントをするしかありません。

深夜・土日も働いている部下たちをつぶさずに、手がついていない埋もれた仕事がないか常に注意して、不祥事を起こさないようにうまくすり抜けていく。それは、技術的にはできないことではないですし、管理職の役割とも言えるでしょう。ただ、僕にはものすごく我慢が必要なことでした。国民のためにできることがあるのに、諦めなければならないのです。また、うまくこなしていくだけなら、僕みたいな自由な発想で新しいことをやる官僚でなくてもできる人がたくさんいるでしょう。

辞めるのを決意した時、僕は44歳。おそらく、今のペースで動けるのはあと20年くらいでしょう。その間、ずっと我慢をし続け、不祥事を起こさないように、部下をつぶさないように、そろそろとうまくすり抜ける。公務員ですから生活は安定していますし、給料も少しずつは増えていくでしょう。それなりに出世することも可能かもしれません。「でも、そんな人生の意味って何だろう」。そんな思いが、駆け巡るようになりました。

妻に、その思いを打ち明けました。

「このままの人生を送ると後悔すると思う。自由に動ける環境で、自分の能力を最大限使ってもらって社会に貢献したい」

「いいと思う！」

即座に賛成してくれました。僕が自由になることを妨げるものが、全くなくなった瞬間でした。

今になって振り返ってみると、もしかしたら、自分は官僚の仕事や厚労省が大好きだったので、そのままそこにいて、嫌いになりたくなかったのかもしれません。

自分が役所を辞めることについては迷いがなくなりましたが、厳しい状況の中で役所に残って踏ん張っている同僚や後輩たちのことはすごく気になりました。

自分が、これから幹部として厚労省を引っ張って変えていく。自分自身もそういう気持ちを持っていましたし、同僚や後輩たちの中にもそう思ってくれていた人が少なからずいたと思います。

19年8月22日、職場に退官の意思を伝えたあと、心からほっとして体から力が抜け、一日中脱力していました。好きな仕事を、自分のスタイルで楽しくやっていただけのつもりでしたが、思ったより重いものを背負っていたことに気づきました。僕が外部の人と接する時、それが仕事であろうとプライベートであろうと、片時も自分が厚労省の職員であり、官僚だということを忘れたことはありませんでした。相手が初めて官僚に会った、初めて厚労省の人に会ったというケースも珍しくありません。その時に、僕のことを「意外とフランクでいい人だ」と思ってくれるのか、「いやなやつだ」と思われるのかで、その人の厚労省や官僚に対するイメージができ上がってしまうからです。

官僚である僕らの活動や生活は、すべて税金で成り立っています。その税金を払っている皆さんが、僕らのことを「みんなのために働く、信頼できる人だ」と思うような社会の方が幸せですし、よい政策をつくるためには、そういう信頼が必要です。そう思ってきました。道で知らない人とすれ違った時にも、「この人たちはみんな僕のお客さんなんだな」と思いながらずっと生きてきました。

僕の場合は少し極端だったかもしれませんが、多かれ少なかれ公務員はそういう思いを背負っています。退官し、僕自身は、自由になって楽しく社会のために働けるかもしれない。だけど、そうした思いを背負い続けて踏ん張り続ける同僚たちはどうなるのだろうか。退官を心に決めてから、そんな思いにとらわれるようになりました。

厚労省を含め霞が関では、仕事が増え続ける一方で、人員は減り、長時間労働が常態化しています。長時間労働そのものの問題もありますが、より本質的なつらさは、社会の役に立ちたい、この国で暮らしている人たちの生活を少しでもよくしたい、そのための政策をつくれるはずだという思いで官僚になったのに、そういう実感が持てずにいることです。

今の霞が関に必要なのは、昔からの惰性でやっている非効率なやり方を変えて、官僚が働いている時間の多くを、国民のための政策の検討や執行に費やせる環境作りです。それは、官僚の生活を楽にするということではありません。体を壊したり、家庭を壊したりするほど働いている官僚たちは、忙しい部署に配置されている優秀な人たちです。いわゆるキャリア（幹部候補）に限らず、どの職種の人も転職しても十分やっていけます。後輩たち一人ひとりの人生を考えたら、辞めて別の道で家族を大事にしながら仕事をしていくという選択を僕は止めることはしません。

僕が心配しているのは官僚の生活よりも、この国に絶対必要な「政策をつくる」という機能をちゃんと存続できるのかということなのです。国民が困っている時に、解決策を「決める」のは政治家の仕事ですが、その解決策を提案したり、実務に落とし込めるかを考えて、うまく回る仕組みを考えるのは官僚です。どんなに政治家がよい議論をして正しい指示をしても、実務が崩壊すれば国民に政策の効果は届きません。

若手の離職や採用難が深刻化する中、霞が関はもはや崩壊の入り口にさしかかっています。今以上に、霞が関から若手が流出し、国家公務員を志望する学生が減っていけば、霞が関の仕事の質はどんどん落ちていくし、そもそも業務が回らなくなります。そうなれば、国民にも企業にもどんどん迷惑がかかっていく。

新型コロナウイルス対策で、保健所や10万円の特別定額給付金、雇用調整助成金などの給付事務で役所がパンクしたことは記憶に新しいと思います。通常の業務量をはるかに超えた仕事が突然発生して、国も地方自治体も混乱しました。このままでは同じことが、コロナのような未曾有の緊急事態でなくても、この国の役所のあちこちで常態化していきます。

若手が雪崩を打って離職したらもうおしまいです。崩壊するか変わるか。崩壊すると国民に迷惑がかかるので、僕は変える方にかけたいのです。自分の知見、発想、ネットワークなど、持てる力を存分に使って国民の役に立ちたい。そして外側から霞が関の働き方を変えていきたい。それが僕のやりたいことです。

そのためにまず、僕たちも含めて国民みんなで考えて取り組んでいかないといけないのは、霞が関の仕事を徹底的に効率化して、国民の生活と直接関係のない作業を全部やめさせることです。そして、特に若い官僚には、効率化して自由になった時間を使って、もっともっと外部の人と接したり、現場や企業を見に行ったり、最先端の技術を見たり、そういった経験をしてほしいのです。また、異常な長時間労働が改善され、多くの官僚が生活者としての時間を持つようになれば、制度を使う側の気持ちも分かるようになるはずです。

官僚は、制度を使う側である生活者の気持ちを理解し、また制度を運営している現場の人たちや、その受け手である最終的な〝お客さん〟と会って話して実情を知ることによって、初めて自分の作った法案や予算や答弁がどんな結果を生み出すのかをイメージできるようになるのです。しかし、普段、役所にいて会う人というのは、国の役人、地方自治体の役人、国会議員、審議会の委員になっているような有識者、業界団体、記者クラブに所属しているメディアといった限られた人たちです。人の世界観や想像力は、会う人の範囲に限定されてしまいます。人の生活をよくしたい、日本という国をもっとよくしたい、そういう思いを持って官僚になった人間も、いつしか一生懸命働くが故に悪気なく霞が関の論理に染まり、官邸や永田町の怖い国会議員の先生方を向いて仕事をするのが自然になってしまいます。

そもそも、学生時代にたくさん勉強してきて、いわゆるいい学校を出て官僚になっている人間というのは、誤解を恐れずに言えば世間知らずなのです。役所に入ってから、自分が担当している行政分野という窓からこの世界の隅々まで見渡すことができて、やっと世界をフラットに見ることができるようになります。さらに言えば、自分が担当している行政分野と直接関係ない人も納税者ですから、その人たちもみんなお客さんです。よい政策をつくるためには、そのくらいの広い視野を持つことが必要です。

でも、安心してください。彼らは、自由に使える時間さえあれば、もっと勉強したり現場を見に行ったりして、政策立案能力を高めます。自分の仕事が国民の役に立っていると実感すれば、喜んで頑張ります。各省庁の官僚同士がつながり、縦割りを超えて横のつながりを作っていきます。官民の交流ももっと進むでしょう。そう願う若い官僚はたくさんいます。

この本を書くことにしたのは、官僚を本当に国民のために働かせるためにはどうしたらよいか、それを皆さんと一緒に考えて実現していくためのきっかけとしたいからです。霞が関の仕事に最も大きな影響を与える、国会の運営も変えていかないといけません。今まで誰もそれに真剣に取り組んでこなかったと思います。最初は、僕の話を聞いても「必要なことだけど、実現するのは難しいんじゃないか」と半ば諦めている国会議員や官僚がたくさんいました。でも、新聞、雑誌、テレビなどのメディアでも繰り返し伝えていくうちに、同じ思いを持ってくれる人が増えてきています。

長年変わらなかったのだから簡単だとは思っていません。でも、世の中に変えられないことなんて何もないと思います。少しの時間と仲間が必要なだけです。

どうか最後までお付き合いください。そして、「そうだな。自分たちの税金で仕事をしている官僚には、国民のためになることに極力時間を使ってほしいな」。そう思ってくださったら、とても嬉しいです。社会を変える仲間の一人になってください。また、よいアイディアが浮かんだら、編集部や僕のツイッターでもｎｏｔｅ（ブログ）でも結構です。お気軽に声をお寄せいただければ望外の喜びです。

ブラック霞が関●目次

第1章　ブラック企業も真っ青な霞が関の実態

～政策の現場で何が起こっているのか～

20年前の若手官僚の働き方

僕が国家公務員になると決まった時、行きつけの古本屋の主人に言われたのは「9時から5時の勤務で、安定した仕事で一番いいね」だった。20年前のことだが、一般の方の公務員の働き方に対する認識はそのような感じだったのだろう。霞が関の官僚が極めて長時間労働だということを知っていた僕は、世間の認識とのギャップに驚いたものだった。

実際に2001年に厚労省に入省してみると、週の半分近くは終電を過ぎて深夜のタクシー帰りだった。それでも仕事が終わらず、明け方に力尽きて幹部の個室にあるソファーで始業時間まで仮眠をとったこともある。そういう日に限って幹部本人が始業時間より早く出勤してきて、冷や汗をかいたものだ。

こんなこともあった。大学時代の同級生が開いてくれた合コンに参加するつもりが、急な国会対応が入り、穴を開けてしまった。優しい友人が、「じゃあ、次は土曜日に開催しよう。それなら千正も来られるだろう」と改めて合コンをセッティングしてくれたのだが、そんな土曜日に限って、国会との関係で緊急対応が発生してしまった。休日出勤した僕は何とか仕事にけりをつけて、終電間際の地下鉄に乗り込んだ。すると、偶然にも合コン帰りの友人たちと同じ車両に乗り合わせたのだ。深夜に友人たちとファミレスに行って、自分が出てもいない合コンの反省会に参加することになった。

この頃は、東京に単身赴任をしていた父親と同居していたが、毎日深夜から明け方に帰ってくる僕の生活を見て、ずいぶんと心配をしていた。

当時は、残業時間を、自分でも管理していなかったし、職場も管理していなかったが、だいたい月に150~200時間くらいだったかと思う。最初に法案を担当した04年の年金改革関連法案の国会審議の時期は、月300時間くらい残業をしていたと思う。

異常な長時間労働の日々が続いて、体力的にはきつかったけれども、精神的につらかったかというと、実はそうでもなかった。当時、若手は忙しかったけど中堅以上の職員はゆったり過ごしていて組織全体にずいぶんと余裕があったたし、IT化も進んでいなかったので労働密度（時間あたりの業務量）が薄かったからだ。そして、何よりも先輩たちに見守られている感覚があった。先輩たちも若手に目配りする余裕があったのだ。

1年生は「窓口」に

厚労省に入省すると多くの場合、1年生（霞が関では新人をこう呼ぶ）は自分のいる部署と他の部署の間のコミュニケーションの「窓口」の役割を与えられる。例えば、僕が1年目に所属していた年金局総務課というのは、年金局の窓口ということになる。年金局は文字通り年金制度を所管する部局であるが、局内に複数の課がある。国民年金や厚生年金といった公的年金制度を所管する年金課、年金数理を担当する数理課、積立金の運用方法を決める運用指導課、企業年金などを扱う企業年金国民年金基金課（いずれも名称は当時のもの）といった具合だ。

1年生の僕の役割の中心は、「情報提供」と「作業依頼」の処理だった。「情報提供」というのは、他の部署から年金局に送られてきた情報を把握して整理し、どの課に情報提供をすべきか、また重要な情報か否かなどを判断して必要なリード文をつけたりして配布する仕事のことだ。「作業依頼」は、他の部署から年金局へ資料作成などの依頼があった場合の対応や、他の部署が作成した資料に事実誤認があったり、年金局の方針と異なることが書かれていて、省内や政府内で不一致を起こすことがないかを確認する作業のことである。このような役割なので、自分で作業をする時間よりも、他の部署や局内の他の課の先輩たちとコミュニケーションをとることが自然と多くなる。そういうコミュニケーションを通じて仕事を覚えていくのだ。

ちなみに、この「窓口」というのは広く使われている霞が関用語で、1年生の僕は厚労省年金局の法令案件、国際案件などの「窓口」だった。厚労省の大臣官房総務課は、厚労省の法令や国会関係の「窓口」だ。大臣官房会計課は予算作成の「窓口」である。つまり要求先の財務省と厚労省の各部局との間を調整する役割だ。これに対して、具体的な政策を担当している部署のことを「原局《げんきょく》、原課《げんか》、原係《げんがかり》」という。

「余裕」が生み出すコミュニケーション

話を元に戻そう。このように、霞が関の仕事は部署間の調整・コミュニケーションが非常に多い。この調整役である「窓口」の職員は多数の関係者の動きに左右されるので長時間労働になりがちだ。当時の僕も職場にいる時間は異常に長かった。けれども、今と比べると一つひとつの案件の処理にずいぶんと時間をかけていた。今では考えられないが、作業を依頼するのも受けるのも情報提供も、すべて紙の資料をコピーして直接先輩と会って説明していた。電子メールはもちろんあったが、それは作業のためのエクセルやワードなどの様式を送るためのものだった。

趣旨を説明して作業をお願いしても、先輩はなかなか納得してくれない。「お前の言っている話は要領を得ない。そんな不明確な発注では作業ができない」など、たくさんのツッコミを受けて、改めて依頼元に確認したり、作業の前段階の調べ物をしたりすることもあった。それは、非効率で面倒くさい仕事ではあったが、そういう先輩たちとのコミュニケーションの中で、仕事のイロハを教わったり、時には雑談してリラックスさせてもらったり、そもそもこの作業にどんな意義があるのかなど、たくさんのことを教えてもらうことができた。

電子決裁システムも導入されていなかったので、決裁はすべて紙で起案して、起案者の若手が上司や幹部に説明してハンコを押してもらう必要があった。幹部の個室に決裁をもらいに行くと、幹部はゆったりとソファーに座って国会中継を見たりしていた。まるで「いい話し相手が来た」と言わんばかりに、若手をつかまえて30分くらい昔話を聞かせるようなこともしばしばあった。内心、「早く席に戻って次の仕事をしたいのに」と思いながらも、普段は聞けない自分とは違う目線の話が聞けて勉強になったのも事実だし、局長などの幹部をとても身近に感じていた。

夜になると、毎日のように国会待機がある。皆さんもテレビで国会審議をご覧になったことがあるだろう。質問者の国会議員が大臣に質問をぶつけるのだが、これは前日の夜に質問者の議員が質問内容を通告することが通例になっている。詳しいことはあとで説明するが、自分の部署に関係する質問が来ると、翌朝の国会に向けて全速力で対応しなければならない。だから、すべての質問者の質問内容が分かるまで、すぐに対応できるように職場に待機することになる。

今の感覚では、無駄な残業以外の何物でもないが、そんな時間に、上司や先輩たちが突然政策談義を始めることも珍しくなかった。新人でもそういう政策談義に参加することは歓迎される雰囲気があったので、一生懸命自分の考えを話したし、議論について行こうと勉強もした。論破されることもあったが、それは自分が官僚という、政策をつくる仕事に就いたことを実感させてくれる時間だったし、後に実際に政策を考えるようになった時にこうした訓練が役に立ったと思う。

今の若手官僚の働き方

ここまで僕の若手時代の働き方について述べてきた。20年近く経って、今はどう変わったか。無駄に職場に居残る文化は大分なくなったとは思う。忙しい時期や国会質問が当たって答弁を作成する日などであれば、若手は深夜や明け方まで勤務したり、休日出勤したりするが、通常は終電までに帰ることが多い。職場の雰囲気も大きく変わってきたので、月に一度くらいは有給休暇の取得が奨励されているし、男性の育児休業も増えている。国会待機も、すべての質問が分からなくても、その議員の過去の傾向から「自分の担当する政策について質問する可能性は低いだろう」と予測できる場合は、万一の場合には連絡がつくようにした上で帰ることもできるようになった。また、テレワーク環境も整っているので自宅で作業をすることも可能だ。仕事がなくなったら皆さっさと帰るし、上司が帰らないと部下は帰りづらいという雰囲気もなくなっている。

こういった変化に着目して、年輩の官僚やＯＢの中には、「俺の若い頃はもっと長時間労働だった」「最近の若いやつはすぐ辞めてしまう」というようなことを言う人もいる。ところが、僕の実感は全然違っていて、今の若い人の方が圧倒的に大変だと思っている。僕が若手の頃は、組織全体としては今よりはるかに暇だったし、人員にも余裕があった。僕が1年生の頃に書類をコピーして各課を直接訪問して、先輩たちにいじられながら作業を発注していたような風景は様変わりした。当時の僕が1時間かけていた作業依頼を、今の若手は5分程度で情報を整理してメールを転送することで処理している。そして、次から次へと作業はやってくる。終電まで仕事をしたら、ヘトヘトになる。若手の労働密度は10倍くらいになり、仕事の話以外に雑談をする余裕もなくなってきている。

僕の若手時代は終電を逃してから飲みにいくくらいの余力があったが、今は違う。テレワーク環境が整ってきたので、真面目な若手は土日に自宅でPCを開いて、平日に処理しきれなかった作業をこなしているケースもあるし、子育てなどを理由に残業できない女性職員が帰宅後、子どもが寝てから深夜まで作業していることもある。

ここで、自分が若手だった20年くらい前と、今の若手の1日のスケジュールの例を比べてみよう。20年前については自分の記憶を頼りに再現し、今の若手の話は数人から話を聞いた。

［20年前の若手官僚の1日の例］

9：30　報道の確認、各方面との連絡調整
10：30　審議会の資料作成（政策案の検討）
　一般の方からの苦情電話対応が急遽発生、1時間続き、資料作成中断
12：15　同期と昼食（霞が関界隈のレストラン）
13：15　メールの処理
14：00　上司の議員レク（国会議員への説明）への同行・メモ取り
15：00　民間団体との打合せ
16：00　審議会の資料作成再開
16：30　急遽、翌日の国会の質問通告が国会議員から入る
　議員の事務所に出向いて、意見交換しながら質問を聴き取る（資料作成は再び中断）
18：00　答弁作成（翌日の朝の国会に間に合わせるため最優先）
20：20　国会答弁の上司の決裁完了
　答弁書を大量にコピー

20：30　引き続き国会待機
　　　　日中に中断した審議会資料の作成に再び取りかかる
21：30　審議会資料作成終了
　　　　引き続き国会待機
　　　　課内で雑談と政策談義
22：30　翌日の国会で質問する全ての議員の質問通告が揃ったため待機を解除
　　　　退庁して先輩たちとの飲み会に遅れて合流
24：30　終電で帰宅

［今の若手官僚の1日の例］
7：00　検討中の政策について報道が出たため、大臣が記者に聞かれた時の応答メモを
　　　　急遽自宅で作成
　　　　上司の決裁を得て大臣秘書官に至急送付
9：00　出勤。政党の会議から帰ってきた局長から議員への説明資料作成指示
9：30　局長指示の議員への説明資料作成開始

10：30　資料作成完了
　　　　国会中継のチェック（前日自分が作成した答弁に関するもの）
11：00　審議会の資料作成（政策案の検討）
11：15　国会議員から地元イベントでの挨拶文の作成依頼があり作成
11：30　議員レク中の課長から急遽審議会資料に修正の指示の電話（第一報）
11：35　自治体からの問合せへの対応
12：00　議員事務所から、16時からの議員レクを14時半からに変更との連絡
　　　　議員レクの準備
12：20　課長の指示を受けた審議会資料の修正
13：00　国会議員依頼の挨拶文を上司に説明、修正指示を受ける
13：20　課長と審議会資料の修正方針を議論
14：05　議員レクのために議員の事務所に向かう
14：30　議員レク開始
15：30　議員レク終了
15：45　職場に戻る

16:00　朝の局長指示で作成した議員説明資料について課内打合せ
16:30　課内打合せを踏まえて修正
16:40　課長の了解
16:50　審議会資料について課長に説明・了解
17:00　国会議員から質問主意書が届き答弁書の作成開始
18:30　朝の局長指示の議員への説明資料を退庁後の局長にメールで送付
18:35　翌日の大臣の記者会見での質問内容が記者クラブから届き、大臣の回答メモを至急作成
19:30　大臣の記者会見回答メモについて上司の了解を得て秘書官に送付
20:00　質問主意書の答弁について上司の了解
20:30　国会議員の依頼の挨拶文が完成、メールで議員事務所に送付
21:00　秘書官から、大臣記者会見用の回答メモについて確認の電話、修正指示
21:30　大臣記者会見用の回答メモの修正完了、コピーして広報室に持ち込み
22:30　庁舎内のコンビニが閉まる前に夕飯の買い出し、夕食
24:00　局長から資料修正指示のメールが届き、修正作業

修正したものを課長にメールで送付
24：30　質問主意書の答弁書について官房総務課の審査を受ける
26：00　質問主意書の官房総務課審査を受けて修正作業
27：00　質問主意書の官房総務課審査終了
27：15　質問主意書の答弁書と参考資料を内閣法制局にメールで送付（翌日審査）
27：20　退庁

ともに忙しい部署の若手のよくある1日の例だが、密度の差は一目瞭然だろう。今の若手は毎日目の回るような忙しさで仕事をしている上に、誰かに急に指示されて対応する仕事が多い。

管理職も幹部も異様な忙しさ

若手だけが忙しくなっているのかというとそうではない。求められる政策の検討スピードも格段に上がっているので、政策課題を検討する審議会などの会議も並行していくつも動かすことになる。そうすると管理職は、会議の委員をやってもらっている有識者、国会議員、政府内の各所への説明に追われ、席にいる時間はほとんどない。局長などの幹部も同様だ。むしろ幹部になれば、土日にも国会議員から携帯電話に電話がかかってくるので気の休まる時間がない。僕自身も、土曜に妻と犬の散歩をしている間に何度も国会議員から電話がかかってきて、家族の団らんがなくなってしまったことがあるし、休日も記者からの問合せが来るので、注目度の高い政策を担当している時期の休日は、出勤しなくてもあまり休むことができなかった。

自分が最後に在籍していた医療政策を担当する医政局という部署は、厚労省の中でも特に忙しい部署だったので、局長の日程管理をしている職員から局内の職員宛に「今日は局長の空いている時間が全くありません」という連絡がしょっちゅう来ていた。局長の予定が空かないからといって、政策の検討期限は動かせないので、メールで資料を送っておいて、深夜に自宅に戻った局長からメールでコメントが届くことも多かった。さらに、国会質問が当たった場合は、答弁を作成している若手が深夜に局長にメールを送って、迅速にチェックをしてもらっている。朝も、政党の会議があったり、国会の質疑があったりするので、局長の出勤は役所の始業時間よりかなり早い。

そういう環境の中で仕事をしているので、上から下まで余裕がなくなってきている。

管理職だった自分自身も、若い人に作業の意義について話したり、ＯＪＴ（オン・ザ・ジョブ・トレーニング）として議員レクに同行させて自分の仕事ぶりを見せたり、政策的な議論をする時間をとりたかったが、最後の方は本当に余裕がなくてできなかった。申し訳ないと思っている。

残業代は最低賃金を下回る

霞が関の官僚が実際に、どのくらい長時間労働なのかについては、実はデータを取るのがかなり難しい。さすがに昔と違って役所は職員の労働時間を把握するようになってきているが、公式に発表している労働時間は言わば建前である。人事院が公式に発表している国家公務員の超過勤務の状況によると、平成29（２０１７）年の超過勤務の年間総時間数は、全府省平均で２２８時間であり、地方支分部局等を除く本府省（いわゆる霞が関）では３５０時間だ（平成30年国家公務員給与等実態調査）。

平均で月29時間程度だからそれほど長時間労働に見えないが、実際には霞が関ではサービス残業が横行しており、本当の労働時間を公表できないのだ。職員の残業代は、決められた予算の範囲内で支払われるので、その時間を超える長時間労働は表向きにはなかったことになり、職場にはいるけれども職員が自主的に勉強をしている時間、いわゆる自己研鑽をしている時間であり、組織が指示した残業ではないと説明されている。残業代がどのくらいちゃんと支払われているかというと、実際の労働時間のデータがないので断定するのは難しいが、忙しい時期の月の残業代を本当の残業時間で割ると最低賃金を下回るケースも多い。

19年に「官僚の働き方改革を求める国民の会」が1000人の現役及び退官した官僚本人を対象にとったアンケートによると、回答者の65・6%が労働基準法の年間超過勤務時間上限である720時間を超えていた。1000時間超えが42・3%(過労死ラインの960時間を超える)、1500時間超えも14・8%だ。こちらの方が僕の実感には合っている。

なくならないパワハラ

霞が関だけかどうか分からないが、伝統的にパワハラ文化は存在するように思う。財務省には「恐竜番付」という名前の、若手が作ったパワハラ幹部の番付があるくらいだ。僕自身は、パワハラを受けた経験はあまりないが、1時間も立たせて説教したり、怒鳴り散らしたり、人格を否定する発言をする上司もいる。この10年くらいで、あまりにひどい管理職は左遷されることが多くなったので、役所としても以前よりは厳しい態度で臨んでいるようには感じる。しかし、左遷させるだけであって馘《くび》になるわけではない。外郭団体や地方支分部局などに異動させられるのだ。その職場の部下の人たちはたまったものではないだろう。一度左遷されてみんな安心していると、パワハラ上司を気に入っている幹部が実権を握り、再び本省に戻すこともある。

それにしても、パワハラというのは本当に難しい構造があるといつも思う。往々にしてパワハラをするような職員は、仕事ができる人が多く、上司からは「あいつに任せておけば仕事は進む」と頼りにされることが多い。

そして、パワハラをする人に限って先輩には丁寧だったりするので、僕から見てもよい後輩だと思っている中堅職員が、若い職員からの評判が悪いというケースもある。そういうことは、若い職員と仲良くしていないと耳に入ってこない。

やはり多角的に評価をすることは不可欠だろう。３６０度評価といって、部下が上司を評価する手法も始まり、パワハラで名を馳せている幹部も気にするようにはなってきている。パワハラをしている上司は自覚がない場合も多く、部下をいじめようとしているというよりも、真剣にアウトプットの質を上げようとしたり、部下を指導しているつもりの場合が多いのだからたちが悪い。気づかせるしかないのだ。

官僚は学生時代から優等生だった人が多いので、それが部下からのものであっても、自分が悪い評価を受けることをすごく嫌がるものだ。厚労省でも360度評価は導入されている。仕事はできるけどパワハラで有名な課長が、部下からの評価が散々だったことで、局長にも怒られて飲み屋で落ち込んでいる姿を見たこともある。360度評価は、たとえそれが給料や昇進に結びつかなくても一定の効果があるので、全ての管理職や課長補佐など部下を持つ職員を対象に全省庁ですぐに導入すべきだ。

誰もが経験するカスハラ

皆さんは「カスハラ」という言葉を聞いたことがあるだろうか。最近、話題になることが増えたカスタマーハラスメントのことだ。世の中の接客業の方や窓口で住民と接する公務員は、常にこの問題に悩まされているのではないだろうか。実は、生活者（お客さん）から遠いイメージの霞が関にもカスハラは大いに存在する。

「陳情」といって、各種の団体からの要望を受ける機会がある。色々な方の意見を聞くのは役所の大事な仕事だが、中には過激な団体もあって、役人が罵倒されるガス抜きの場になることもある。

また、若手にとって一番悩ましいのは一般の方からの苦情電話の対応だ。役所の代表電話に電話をして、「○○について知りたいので、担当に電話をつないでほしい」と言うと、交換手が担当者にとりついでくる。通常の制度の説明や法解釈の確認などを、ストレスに思う職員はあまりいないと思うが、実は一般の方からの電話の多くは苦情電話なのである。国に電話までしてくる人は筋金入りの人が多い。僕の若手時代も、一般の方からの苦情電話が数時間続き、午前中作業ができなかったことが月に何度もあった。

僕たちは、政策の立案が仕事なので、民間企業で言うと商品開発をしているようなものだ。どの企業でも製品の苦情を商品開発の担当者が受けるなどということはないだろう。そんなことをしていては、商品開発に時間を割けなくなるからだ。だから、お客様相談センターのような専門の部署が受けているし、受付時間も限られている。若手職員の中には、苦情電話で精神的にまいってしまう者もいるし、何より特定の人の苦情に時間を割きすぎるということは、業務効率が極めて悪化するので、公務員の給料の原資である税金の使い方としても適切ではないだろう。

変な言い方になるが、こういうところは民間企業に比べて、役所は極端に丁寧だと思う。多くの民間企業では、苦情受付はコストになるので、相当効率化しているだろうし、そもそも電話があっても回線が限られていてつながらないことも多い。役所の場合は、生活者・納税者、この国にいる人全員がお客さんだから、苦情に対しても丁寧に対応しないといけないのは分かる。しかし、それは商品開発の担当者の役割ではなく、お客様相談などの専門のチームが聞く仕組みが必要だろう。

そもそも電話以外にメールやＬＩＮＥなどをメインにすべきかもしれないし、問合せについてはＱ＆Ａ（よくある質問と回答を一覧にしたもの）を作って、自動応答するチャットボットを用意しておけば、一般の方にとっても必要な情報が見つけやすい。役人の中には「Ｑ＆Ａを見れば分かることを、電話で聞いてこないでほしい」という人もいるが、役人は文章を読むことに異常に慣れているいわば特殊な人たちだ。一般の方が、50問もあるＱ＆ＡがＨＰに掲載されているからといって同じように、自分の知りたい情報を簡単に得られるわけではない。

ところで、日々の生活の中で、公的制度を利用して助かったというケースを実際に経験することがあると思う。ちなみに、僕自身も母親の介護と父親の急病が重なったことがあるが、介護保険や医療保険のおかげで両親は助かり、自分も兄も仕事を続けることができた。長く官僚をやってきた僕が言うのはおこがましいけれども、そんな風に「公的制度があってよかったなあ」と感じたら、たまにはそんな声も役所に届けてもらえるととても嬉しい。100通に1通でもいい。よいフィードバックが役所に届くことはほとんど皆無に近いので、彼らはすごく喜ぶし、きっと「もっといい仕事をしよう」と思うのではないだろうか。

形ばかりの女性活躍

国家公務員採用試験からの採用者に占める女性の割合は、14年度までは概ね25％程度であったが、15年度には30％を超え、直近の20年度では、36・8％と過去最高となっている。いわゆる「キャリア」と呼ばれる幹部候補生（総合職）についても35・4％となっている（図1参照）。

女性活躍には大賛成だ。しかし、霞が関・永田町の男性中心の昭和の働き方は全く変わっていない。子育ての負担が女性に集中しているという社会の状況は望ましくないが、現実には官僚の世界でも、女性が主に子育てをしているケースが圧倒的に多い。

結婚、出産、育児といったライフイベントと、官僚として政策立案の中心的役割を担う20代後半から40歳前後までの時期がちょうど重なるのだ。この間、産休・育休を経て復帰するのが通常であるが、子どもを保育園などに迎えに行く必要があるので、復帰後も残業なしの勤務形態を選ばざるを得ない職員が多い。

このような「配慮」を受けられること自体が、多くの職場に比べて恵まれているという声もあるかもしれない。ただ、配慮といっても彼女たちはフルタイムで働いているのだ。しかし、霞が関では24時間365日対応できることが「フルスペック人材」になっているので、フルタイム勤務・残業なしは実質的には短時間勤務のような立場になってしまう。そして残業なしの勤務形態で夕方に帰宅する職員には、どうしても任せられない仕事がある。それは国会対応だ。

国会審議前日の夕方から夜にかけて、質問者の国会議員から省庁に対して質問内容が通告される。自分の部署が担当する内容に関する質問であれは、そこから急いで答弁メモを作成し、関係部署とも調整を済ませ、上司の決裁をとり、必要な資料を整えて、翌日早朝の大臣の出勤に間に合わせる。国会本番の前に大臣と官僚の間で行われる答弁方針を決める勉強会（「答弁レク」という）に使うからだ。当然、国会質問が頻繁に当た

図1　国家公務員採用試験からの採用者に占める女性の割合の推移

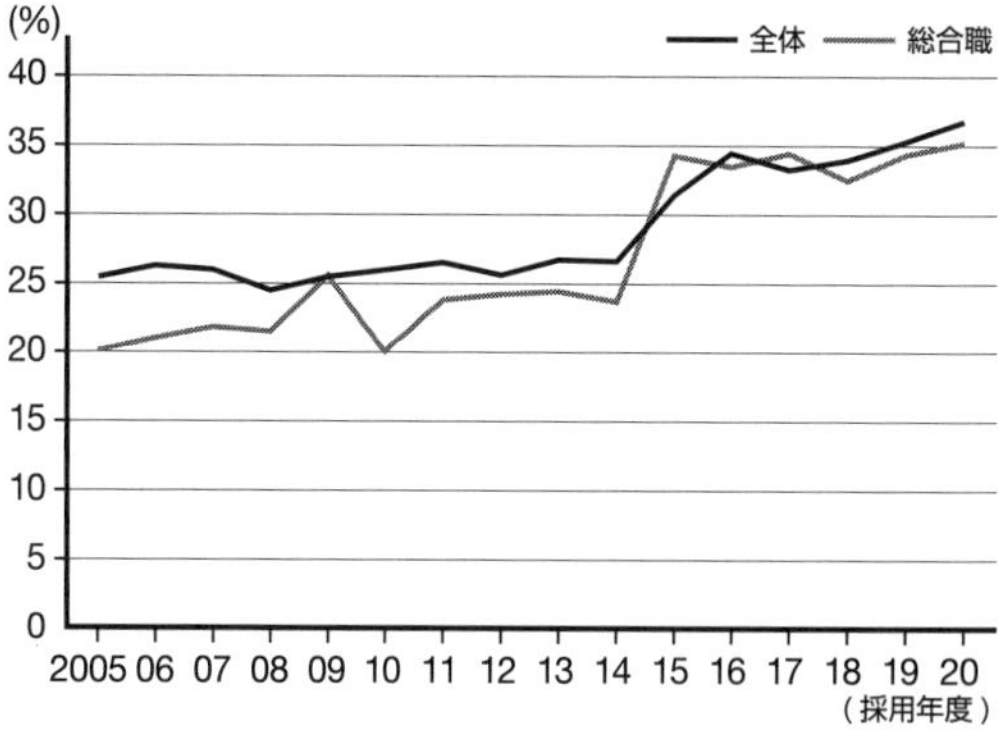

出所：内閣人事局「女性国家公務員の採用状況のフォローアップ結果（令和2年5月29日）」を元に筆者作成

る部署もあれば、ほとんど当たらない部署もある。

子育て中の女性など、勤務時間に制限のある職員は、国会質問が当たらない部署に配属されることになる。国会質問が当たる部署は、夜に緊急かつ重要な仕事が入る可能性が常にあるからだ。

国会審議が当たる部署というのは、世間の注目度が高い重要政策を担当している部署である。つまり、優秀でバリバリ働いていた女性職員が、残業ができないという理由で、注目度の高い重要政策の担当ではなく、どうしても国会対応のない、自分の裁量で仕事ができる部署に配置されてしまうのだ。

女性のロールモデルがない

僕の同世代の40代の女性官僚たちは、若い頃から「ロールモデルがない」ということをよく言っていた。つまり独身か、あるいは子どもがいても親などに子育てを任せて超長時間労働を続けている女性の先輩か、勤務時間の制限によって重要政策に携われない女性の先輩のいずれかしかおらず、いずれも理想の人生とは思えない、自分たちが望む「仕事も家庭のこともしっかりやっている」女性の先輩がいない、という不安である。20年経ってもこの状況は変わっていない。

変わったのは、実は民間企業の労働環境の方だ。僕の大学の同級生たちが就職した大手の民間企業も若い頃は長時間労働が当たり前の時代で、まだまだ女性活躍が進んでいなかった。だから、僕の同世代の女性官僚たちは民間に転職するというケースは多くなかった。ワークライフバランスのとれている職場が民間にもなかったのだ。

同世代の女性官僚の多くが選んだ解決策は、自分たちの異常な働き方などを理解してくれる官僚の男性と結婚することだった。統計があるわけではないが、女性官僚にとって職場結婚の比率は非常に高い。僕の知っている範囲ではあるが、女性キャリアの半分くらいは公務員男性と結婚しているような気がする。

かくして、昔の女性官僚もロールモデルのなさに悩みつつも役所にとどまっているケースが多いのだが、最近の若手女性職員は自分のライフデザインと合わないことを理由に、離職するケースが相次いでいる。こんな働き方を続けていたら、とても結婚・出産・子育てができないということだ。今は、僕の若い頃と違ってホワイトな働き方ができる民間企業がたくさんあるので、転職という選択をするのは自然なことだ。

結局、いくら女性を3割採用したところで、24時間・土日も働けて初めて「フルスペック人材」となるような異常な働き方のスタンダードが変わらなければ、女性が出産を機に「特殊な事情があるので配慮が必要な職員」になってしまうのである。職員全体の働き方が変わらない限り、女性活躍など実現できるわけがないのだ。

組織にも政策にもマイナス

女性職員が活躍しづらい環境は、女性職員のモチベーションやキャリア形成を阻害するという問題を引き起こすが、それに加えて、国民の立場に立って極めて重要な問題を二つ指摘したい。

一つは、単純な計算になるが「組織の3割が特殊な事情があるので配慮が必要な職員」では、とてもじゃないが組織全体として仕事が回っていかない。組織全体のマンパワーの問題である。これは組織の疲弊の大きな要因となっている。なお、当然のことながら女性が悪いわけではないし、女性の採用を控えるべきだとは決して思わない。変えなければならないのは、24時間、土日対応がデフォルトになっている働き方の方だ。

二つ目は、女性が活躍しづらいことによる政策立案能力の低下である。特に、厚労省が担当するような分野は、子育てや介護など生活に密接に関係するものが多い。では、家族の子育てや介護は誰がやっているのだろうか。それは、先ほど述べたように、官僚の世界でも女性がやっている場合がほとんどだ。

厚労省には保育課という課がある。その名のとおり、待機児童対策など保育制度を担当している。この保育課という部署に、自分がメインで子育てをしたり、「保活」を経験している職員はおそらく一人もいない。課内には結婚前の若い女性職員が少しいるが、あとはほとんど男性だ。

保育課は、国会でも頻繁に質問が出る、厚労省の中でも有数の忙しい部署だから、24時間対応できる職員しか配置されない。結果、誰も保活をしたことがないような人員配置になる。しかも、保育課の職員は保育園に通う子どもの保護者と話す機会がほとんどない。なぜなら、保育園の保護者たちは数年すると保育園とは別のことに関心が移るので、保育園の保護者の団体を作る動きがなかなか出てこないのだ。保育園の保護者を代表する団体がないということは、例えば審議会に代表者を送って国の政策に直接関わるようなことがなかなか起こらない。保育政策を担当する官僚の立場からしても、保護者の声を聞く機会がないのである。

僕は、保育園の保護者の声を受けた野党議員の国会質問に対する答弁をチェックしていたのだが、噛み合わない内容になっているのを日々見ていて、ある時、待機児童対策の担当に質問をしたことがある。

「保育園の保護者に会う機会ってあるの？」

「うーん、ないですねえ」

それが答えだった。保育課の人たちが日々接しているのは、国の役人、県庁などの役人、国会議員、保育事業者（保育園の経営者）、記者、児童福祉の有識者くらいである。実際に、保育課の職員よりも僕の同期の女性の方が、保活の実態やママ友が何を考えているかという、利用者の立場で経験する生の情報をはるかにたくさん持っている。もし、国会の質問通告が与野党の申し合せどおり、2日前の正午になされたら、厚労省の子育て中の女性職員も保育課のような部署に配置されるようになるだろう。そうすれば保育政策は、もっとユーザー目線になることは間違いない。

このように、女性活躍は女性のためというよりも、よりよい政策をつくるために非常に重要だと声を大にして言いたい。これは企業でよく言われるダイバーシティ経営（多様な人材を活かした経営）と同じことだ。そして、それを実現するためには、女性に配慮すればよいのではなく、男性も含めた全体の働き方を変えなければならない。

定年延長が霞が関崩壊の引き金を引く

これまで述べたように、加速度的に霞が関は忙しくなってきた一方で、24時間、土日対応可能という昭和から続く「霞が関的フルスペック人材」の割合は減っている。男性職員も今や共働きが主流だ。このままでは、霞が関は崩壊して国民に迷惑をかけてしまうと危機感をつのらせて、僕がこの問題に取り組んでいる最中、国家公務員の定年延長の法案が2020年の通常国会に提出された。この法案は検察庁法改正法案とセットで提出された。国会でもメディアでも1月の国家公務員法の急な解釈変更による黒川弘務東京高検検事長の定年延長措置が恣意的ではないか、そうした恣意的な定年延長を後づけで合法化する法案だと大きな批判が出た。

検察庁法改正も問題であるが、僕はより大きな問題は国家公務員の定年延長そのものだと思う。今の働き方を前提として、定年を延長した場合を想像してみてほしい。60歳から65歳までの職員がどんどん増えていくのだ。国家公務員には定員管理というルールがあって、組織ごとに人数の枠が決まっている。60歳を超える職員が退職せずに役所に残るということは、役所の定員の一部を占めることになる。そして、60歳を超える職員は間違いなく24時間、土日対応できる職員ではないし、また、そんなことをさせるべきでもない。

その結果、起こることは、高齢でもない、子育てや介護などの事情も抱えていない、健康に不安もない、そういう「霞が関的フルスペック人材」の20代、30代の職員が減ることである。全体の半分以上が「要配慮者」にならざるを得ないような職場で仕事が回るわけがない。

繰り返しになるが、僕は女性活躍も高齢者の活躍も賛成だ。ただし、そのためには彼ら・彼女らが大いに力を発揮できる職場に生まれ変わることが大前提だ。それをせずに、単に定年延長するなら、若手・中堅が今以上に疲弊し、離職者が増加し、公務が崩壊することは火を見るより明らかである。

国会質問の意味

ここで再度、国会対応について論じておきたい。これが最も負荷が大きいからだ。忙しくても、自分がやっている仕事が社会の役に立つ意義のあるものだと思えば、乗り越えられるし、プロジェクトが終わった時には、達成感と成長の実感を持てるものだ。実際に、ニーズの高い法律改正のような仕事をしていて精神を病んで休職に追い込まれるケースは少ない。一番きついのが、国会対応、野党合同ヒアリングなどである。

先ほど説明した通り、国会審議は、ぶっつけ本番のアドリブではない。質問者の問題意識を答弁する役所側に事前に伝え、それに対する方針を官僚と大臣が議論して、どのように答えるのかを決めて本番に臨むのだ。

そう聞くと、「なんだ、出来レースの茶番なのか」「大臣は官僚のメモを読むだけか」と思う方もいるかもしれない。しかし、そうではない。どんな優秀な大臣でも、幅広い役所の隅々まで細かいことを把握するのは不可能だ。事前に質問者の細かい問題意識を理解した上で、それに対する具体的な答えを準備しないと、全てが「ご指摘の点については、実態を把握した上で検討してみたいと思います」というような抽象的なやりとりになってしまい、議論が前に進まないのだ。

事前に質問者の国会議員の問題意識を官僚が聞き取って、過去の経緯や各方面への影響なども考慮しながら、役所としての方針を答弁メモに落とし込んでいく。そのメモの内容をベースに、大臣と議論をして官僚が作った答弁書を、大臣の指示で前向きに書き換えたりしている。そうやって大臣が理解した上で方針を指示して、修正した最終版の答弁書を持って大臣は国会で答弁しているのだ。

国会質問によって政策を動かしていくためには、この大臣と官僚の議論が実はとても大事だ。この過程で大臣が理解した上で方針が決まり、政策が前に進んでいくからだ。

揚げ足取りや政府の失点を狙うのではなく、質問の機会を通じて政策を前に進めようとする国会議員は、野党議員であってもこの事前の通告を丁寧に行う。こうした野党議員の指摘を受けて政策を見直すことも、決して珍しいことではない。質問の背景には実際に困っている国民がいるので、大臣も「痛いところを突かれた」と思うと、部下の官僚に対応を指示するのだ。

前日夜の質問通告が国会待機と深夜残業の元凶

質問内容を質問者の議員が省庁に事前に伝えることを「質問通告」という。「通告されていないので、すぐに答えられない」と総理や大臣が答弁している姿をテレビで見た方もいるかもしれない。この質問通告のタイミングは与野党の申合せで原則2日前の正午までに行うこととされているが、その期限が守られることはほとんどなく、前日の夕方から夜にかけて通告されることが多い。内閣人事局が全省庁を対象に行った「国会に関する業務の調査・第3回目（調査結果）」（２０１８年12月28日）によると、質問通告がすべて出そろった時刻の平均は、前日の20時19分である。

国民の負託を受けた国会議員からの質問になるべく丁寧に答えようと準備するのは当たり前だが、事前通告が前日の夕方から夜にかけてなされる限り、深夜から明け方までの対応が必要になり、官僚の睡眠時間は削られ続ける。中には、役所が気づいていない鋭い質問によって政策が動くこともあるが、単なる揚げ足取りのような質問もあるし、そもそも「待機児童対策について」とか「新型コロナウイルス感染症について」など、項目しか通告してこない国会議員もいる。

そういう項目だけの通告の場合、あわせて「問合せ不可」という指示を役所にしてくることが多い。具体的に何を議論したいのか、質問者の議員に確認することもできない。そうなると様々な質問を想定して大量の想定問答を徹夜で作成することになる。何が精神的にきついかというと、こういう作業のせいで本来やらなければいけない政策を考える仕事が進まなくなることだ。

夕方から朝まで寝ずに国会答弁を作成した後、日中は本番でどんな質問が出ても対応できるように官僚は国会に同席する。夕方、役所に戻ってくると、フラフラだ。しかし、元々やらなければいけない仕事は何一つ進んでいない。そういう日々を続けると、自分の時間を国民のために使えている実感がなくなり、どんどん疲弊してくる。

激増する質問主意書

国会での質問以外に、国会法に基づいて国会議員が政府に文書で質問を提出する質問主意書という制度がある。もともとは国会質問を補完するためのものだったが、２０００年度以降、激増して若手官僚の業務を圧迫している。おそらく若手官僚が一番キライな仕事だ。国会法に「内閣は、質問主意書を受け取った日から七日以内に答弁をしなければならない」という規定があるため、極めて短期間で答弁書を作成した上で、内閣法制局の厳格な審査を受けて、大臣まで決裁をとり、閣議決定しなくてはならない。閣議は、火曜と金曜の週2回が定例で、閣議にかけるためには、2日前に「閣議請議」といって閣議を求めるための手続があって、その時点で質問主意書の答弁は大臣まで了解を得て完成していないといけない。実質的には数日で全ての作業と決裁を終えるということだ。

このため、質問主意書の答弁を作成する若手官僚は、質問が当たった時点で他の仕事を止めて対応に当たる。また、国会会期中（1年の3分の2くらい国会は開いている）は、質問主意書が国会議員から提出されたらすぐに作業にとりかかれるように、毎日夕方以降「待機」しなければならない。その日に提出される質問主意書がすべて見えたら「解除」だ。

野党合同ヒアリングで答えられない官僚

国会以外にも、国会議員が官僚に説明を求める場面はたくさん存在する。個別の国会議員が説明を求める「議員レク」、文書で資料を求める「資料要求」、そして各政党の会議への出席依頼だ。これらも、国会議員や各政党が政策を議論するための説明だから、民主主義のプロセスとして大切な仕事だ。とはいえ、不祥事や政権を追及するようなテーマの時の野党合同ヒアリングは、精神的にかなりきつい。

2000年代半ばからこうした会議はテレビカメラ入りで行われるのが通例となり、テレビで放映されるようになった。最近はインターネットでも動画配信される。議論が国民から見えるようになったのはよいことだが、テレビが入ると追及する議員側も厳しく追及する姿勢を見せたいという事情もあり、時にはパワハラに近いような追及も見られる。

もちろん、野党が必要とする回答や情報を政府が出さないから、より追及が激しくなるというケースもあると思うし、政府は説明責任を果たすべきとも思う。ただ、官僚の判断で勝手に野党に新しい回答をすることは許されていない。善し悪しはさておき、政権の立場からすれば、追及のネタを提供するなと考えるのは当然だろう。従って野党に新しい回答や情報を提供するためには、大臣など役所にいる政治家の幹部の了解が必要となる。

つまり、野党合同ヒアリングに出席している官僚は、ゼロ回答をしなければならない前提で追及の矢面に立つことになるので、要領を得ない説明を繰り返すことになる。

野党が不祥事などを追及する会議に、回答の権限を与えられていない官僚を出席させて、「厳しく追及している姿を国民に見せる」以上の意味があるのかは疑問である。回答する権限のある政治家の幹部が説明すべきだろう。政策がテーマなら詳しい官僚が出て行って説明すればよいが、森友学園、加計学園、桜を見る会の問題などは政権の姿勢を追及する話なのだから政治家同士で議論すべきと思う。

目玉政策の後に残る作業

国会とは別に、若手を疲弊させる意義の乏しい作業の中に、政策パッケージのフォローアップ作業というものがある。政権の目玉政策を進めるためによく行われるのは、政府全体の司令塔の役割を担う内閣官房に担当室を作ることだ。

例えば、安倍内閣が打ち出した目玉政策の中に少子高齢化に対応するための「一億総活躍社会の実現」のための政策パッケージがある。官邸主導で政策パッケージをまとめるため、15年10月15日内閣官房に関係省庁から精鋭が集められて「一億総活躍推進室」が設立された。同時に有識者会議が立ち上げられ、検討が進められる。女優の菊池桃子さんと経産官僚の新原浩朗さんの結婚が話題になったが、新原さんは一億総活躍推進室次長という立場で実質的に「ニッポン一億総活躍プラン」をまとめた責任者であり、菊池桃子さんは一億総活躍国民会議という有識者会議の委員という関係だった。

急ピッチで検討が進められ、16年6月2日に「ニッポン一億総活躍プラン」が取りまとめられて閣議決定された。このプランの目玉は、保育所の整備、保育士・介護職員の処遇改善、働き方改革への道筋などであるが、同時に一億総活躍に関係する各省の無数の政策がこのプランに掲載される。

毎年のように、このようなサイクルで政府の目玉となる政策パッケージがまとめられている。一億総活躍の後は、働き方改革、人生100年時代の人づくり革命、就職氷河期世代支援プログラムと、毎年、内閣官房に各省から精鋭が集められて政策パッケージがまとめられている。

パッケージがとりまとめられると、内閣官房の担当室は事実上解散するのだが、その後も毎年パッケージに盛り込まれた無数の政策がどの程度進捗したかをまとめて発表する「フォローアップ」の作業が続く。政策の進展を定期的にモニタリングして公表する作業だ。一億総活躍推進室は専任の職員がいなくなり事実上解散したのだが、そのメニユーは厚労省のものが多いので、厚労省の幹部に一億総活躍推進室との併任辞令を出して、全省庁の政策のフォローアップを厚労省が担当することになった。「併任」というのは、本業は別にありながら一部の時間を別のプロジェクトに使うということだ。一人の職員の増員もなく、仕事だけが増えるのだ。働き方改革の政策パッケージも全く同じだ。

当時、厚労省の政策統括官（総合政策担当）という部署にいた僕は、最初のフォローアップ作業を仕切らないといけなかったのだが、スタッフが全く足りない中で、やりくりに非常に難儀したし、担当している若手は本当に限界を超えて働いていた。

厚労省からすると、政策パッケージの取りまとめのために常に職員を内閣官房に吸い上げられ人員が薄くなり、取りまとめが終わるとフォローアップ作業だけ降りてくるような構図になっている。このフォローアップ作業というのは、パッケージに盛り込まれている100以上の細かい政策の一つひとつについて、各省庁の担当に進捗を確認して一つの資料にまとめる作業なので、創造性は必要ないものの手間と時間は非常にかかる。こういう作業は外注すべきだ。方針を決める幹部と資料を取りまとめるコンサルティング会社がいれば十分よいものが作れる。

大量のコピー作業と配達に追われる若手

霞が関では「紙文化」もなかなか変わらない。若手は常に大量のコピー作業に追われている。

国会答弁作業を例にとってみよう。翌日、国会で質問する国会議員が20問の質問を通告したとしよう。20問の中には、保育に関するものもあれば介護に関するものも生活保護に関するものもある。それぞれの政策の担当課が自分の担当の答弁を作成する。1問ずつ決裁が終わってでき上がった答弁書（答弁メモ＋参考資料）を、数十部コピーして、一つの会議室に持ち込む。すべての答弁を集めてまとめるのは、担当する質問数の最も多い部署だ。

20問全ての答弁書が完成して会議室に集められると、今度は資料組み作業が始まる。『政官要覧』の国会議員のプロフィールページをコピーして、それを表紙にする。その下に問の一覧表と答弁書を順番に組んでいく。大臣などがめくりやすいように、「問1」「問2」「想定1（事前に通告されていないが、聞かれる可能性があるので準備した答弁メモ）」「想定2」などと紙の右端にインデクスシールを貼っていく。

最後に大きなダブルクリップで書類を束ねる。それを封筒に入れて省内の必要な部署、首相官邸（総理答弁の場合）や国会議事堂に届ける。夜中の3時、4時に答弁書を届ける官僚たちが自転車で霞が関・永田町を走り回っている。翌日早朝の委員会本番前の、大臣との事前勉強会の準備のためだ。国会開会中の霞が関では、毎日このような作業をどこかでやっている。

このようなコピー作業や自転車で夜中に各所に届ける作業は、答弁資料をタブレットPCに電子媒体で保存して持ち込めば全て不要になる。無駄な仕事も減るし、紙の消費も減らせる。コピーのコストも官僚の残業代やタクシー代も全て税金だ。

それなら、すぐにタブレットPCで持ち込むように変えればよいじゃないかと思うだろう。ところが、タブレットPCの持ち込みは、国会のルールで認められていないのだ。衆議院では各委員長の判断で持ち込みが可能とされているが、一部野党の反対で実現されていない。参議院ではそもそも原則認められていない。OECD（経済協力開発機構）加盟国のうち30カ国がタブレット端末等の国会での使用を認めているが、日本では未だに認められていない。

国会との関係で強いられている大量コピー作業は、国会答弁の他にも質問主意書の答弁、法律案の配布や政党の会議資料（一部の政党ではペーパーレス化が進みつつある）など無数にある。

政府内でも、審議会などの資料のペーパーレス化、記者クラブに届ける資料のペーパーレス化、内部会議や外部との打合せのペーパーレス化など、まだまだ進められることがたくさんある。例えば、厚労省では医療保険関係の会議はペーパーレス化が進んでおり、中央社会保険医療協議会（中医協）という医療保険の診療報酬（平たくいうと治療や薬の値段）を決める会議は早期にペーパーレス化を進めていたし、新型コロナ感染症に対応するために緊急で開いた会議もテレビ会議で開催された。この会議は、厚労省の会議の中でも注目度も高く、いわゆる重鎮といわれるような年輩の委員も多い。このような会議がペーパーレスで実施できるのだから、他のほとんどの会議もペーパーレスで実施できるはずだ。

大量のコピーや配達作業の時間を、本来役人が期待されている政策の検討に充てられるようにすべきだろう。

第2章　石を投げれば長期休職者に当たる

〜壊れていく官僚たちと離職の背景〜

誰もが長期休職のリスクを抱える

前章で見たような異常な長時間労働を余儀なくされている官僚たちは、健康を害することはないのだろうか。

これについては、非常に興味深いデータがある。2019年度公務員白書によれば、17年度の国家公務員の1カ月以上の長期休業者は3800人あまりで、全体の1・39%である。この1・39%の分母は国家公務員全体なので、例えばハローワークや労働基準監督署といった地方で勤務する国家公務員も含まれる。地方の現場もどんどん職員を減らされているので決して楽ではないが、本省ほどの異常な長時間労働ではないことからすると、本省勤務の国家公務員に限定すればもっと多くの割合の職員が長期休業していると思う。これも、自分の実感値になってしまうが、キャリア（総合職で入省した職員）の1割くらいは体調を崩して休んだ経験があるように思う。

かつては、パワハラなど職場の人間関係や、不祥事対応などで叩かれすぎて精神的にまいってしまうケースが多かった。不祥事は役所のミスなどが原因である場合がほとんどなので、言い訳にはならないが、不祥事が起こると国会質問が集中し、前述の野党合同ヒアリングや国会対応等が激増する。

最近の厚労省だと、障害者雇用の水増し問題（各省庁の水増し問題について、制度を所管する厚労省の責任が問われた）や毎月勤労統計調査などの問題が記憶に新しいが、そうした業務の対応に当たっている職員は次々に休職に追い込まれていく。労働時間が極めて長くなるし、野党合同ヒアリングで課長が罵倒されるための資料を徹夜で作成して、その様子がテレビで放送されたりしているのを見ると、精神的にかなりきつい。休職した職員の仕事をカバーするために、他の部署から応援が送り込まれることがあるが、その職員がさらに休職するというような惨状だ。また、応援を送り出した部署も仕事は減らないのに職員の数が減るので、極めて過酷な状態になる。その悪循環が際限まで極まったのが、新型コロナウイルス感染症対策だ。

昔は、長期休職に陥るのは例外的なケースに限られていたが、今はタフな職員も過酷な勤務が続きすぎて休職に追い込まれる。誰もが長期休職のリスクを抱えている。

僕が休職したワケ

実は、僕も入省以来、体を壊すこともなくずっと楽しく、めいっぱい仕事をしてきたのだけど、19年前半に「医師の働き方改革」という難しいプロジェクトのマネジメントをしていた頃に、役人人生で初めて体調を崩してしまった。

勤務医の長時間労働を前提に、なんとか必要な医療を患者に提供しているのが日本の医療の現状であるが、医師も病院に雇用されている労働者なので労働基準法が適用される。しかし過労死ライン超えの長時間労働が4割という現状で、一般の労働者と同様の労働時間の上限を義務づけると、受け入れられる患者数が大幅に減ってしまう。だからといって長時間労働を放置すれば、時に過労死が出るような異常な働き方から医師たちを守ることができない。最適解を見つけづらい難しいプロジェクトだったが、役所全体の人員不足が原因で、極めて脆弱な体制でプロジェクトを進めなくてはならなかった。

当初、専任の職員は、子育て中で残業なし勤務の課長補佐と民間からの出向者の二人だけだった。あとは、みな元々担当している各課の業務を遂行しながら「併任」という形で関わっていた。僕自身も、企画官という課長の1階層下の管理職の立場でこのプロジェクトのマネジメントをしていたが、課長は別の重要案件にかかりきりにならざるを得ず、実質的には課長不在の状態だった。

僕がマネジメントしていた他のプロジェクトも、同様に併任者だらけで専任の部下がいなかった。部下が抱える他の仕事が忙しくなれば、管理職である自分も資料作成など本来部下が行う作業を行わざるを得なかった。18年夏に着任した時から、「こんな脆弱な体制で重いプロジェクトはできない」と思い、増員について人事課に直談判をしに行った。

キャリア組の人事異動は、通常国会が閉会した後の夏のタイミングで行われる。人事課はその後1年間の各部署の業務量を勘案して職員の配置を考える。もうその時期は過ぎていたので、別の部署の人員を減らして自分の部署に増員することは難しい。「育休から復帰する係長がいて残業はできないが、その人だったら配置できる」。それが人事課の回答だった。「その人でよいから、ぜひ増員してほしい」。それ以上は望みようがなかった。

かくして、子育て中で残業なしの課長補佐と係長が制度検討の中心に据えられた。二人とも能力的には申し分のない優秀な職員であり、順調に進むかに思えたが、制度検討の検討会の議論が大詰めを迎える年末に向けて、すべての課が忙しくなっていく。例年、クリスマスの頃には次年度の予算案が閣議決定される。つまり、12月というのは政府の様々な政策が決定される時期なのだ。どの課も、そのタイミングに向けて政策の検討や調整が大詰めを迎える。「医師の働き方改革」に併任という形で関わっていた各課の職員たちも、元々所属している課の業務に追われ始める。「医師の働き方改革」の政策検討のための打合せの日程すら、確保できなくなっていった。

「タコ部屋」での生活に突入

11月の終わり頃からそのような状況になり、翌週の予定すら決められた通りこなすのが難しくなっていった。組織として取り得る選択は、僕を他のすべてのプロジェクトから引き離して「医師の働き方改革」専任にして立て直しを図ることだった。

席も「タコ部屋」に移動した。タコ部屋というのは、ウィキペディアにも掲載されている霞が関用語で、制度改正の検討などをするために特別に設けられる部屋のことだ。その部屋に入ると、法案ができあがるまで缶詰になって出て来ることが許されず、まるめて名付けたのだろう。

こうなったからには、何とか自分の力でプロジェクトを立て直そう。相当気合いを入れて臨んだのだが、タコ部屋に入ってからは毎日が本当にきつかった。明日の段取りすらこぼれ落ちそうな状況の中で、「医師の働き方改革」についてのリーク記事が出る。そのたびにメディアへの説明に出向き、情報が漏れたことに対して怒る関係者への説明に追われる。優秀な二人の部下は子育て中なので、夕方になると帰らなくてはならない。その後は、自分が止まってしまえばすべての動きが止まる状況だった。

二人に、落ち着いて制度の中身を検討する時間を与えるためには、その他の雑多な調整業務を自分が引き受ける他なかった。元々所属する課の仕事が佳境を迎えている併任の部下たちに、作業を頼むことも難しい状況だった。そして、各課が忙しいのと同様に幹部も隙間時間がほとんどなくなっていった。幹部と「医師の働き方改革」について打合せをするための時間は、始業前の８時からやる以外になくなった。

このようなギリギリの状況で、体力的にきつい上に、いつミスや作業の「抜け」が生じて業務のオペレーションが破綻するか、常にそういう心配が頭から離れなかった。そんな日々を過ごしているうちに、夜眠れなくなってしまった。

厚労省もテレワーク環境が整い始めたので、パソコンを職場から持って帰ってきて、自宅で仕事をして夜中の1時、2時にベッドに入って、6時台に起きる日々だった。過去の忙しい時期には、もっと睡眠時間が短いこともあったものの、今までとは全く異なるきつさだった。床に入って2時間くらいすると「何か指示しなければいけないことを忘れていたのではないか」というようなことが頭をよぎり、目が覚めてしまう。目が覚めると、大量の汗でおどろくほど枕がびしょびしょに濡れている。そんなことが、朝までに3回くらい繰り返される。体のあちこちに不調が出てきて、胃が痛くて普通の食事がとれなくなり、おかゆ以外体が受けつけなくなった。肌もボロボロになっていった。首や肩に激痛が走るようになっていった。どういうわけか足がくさくなった。僕は「このままのチーム体制では、プロジェクトを進めるのは無理だ」と判断した。

ついに限界が来て胃潰瘍に

それまでも、直接自分が「タコ部屋」に入って専門で担当した法律改正は6本あったが、自分も含めてチームのメンバーは体力的な限界を超えることが多い。自分が課長補佐になってからは、チームの余力がどのくらい残っているかを把握して、こまめに人事担当者に伝えるようにしていた。いよいよ無理だという段階になれば、自分のチームに援軍を頼んでいた。僕が援軍を頼むと、組織は必ず誰かサポートする職員をつけてくれていた。

今回も、そうするほか解決策はない。そう思って、このままでは自分自身も眠れないし倒れると、増員を要求したが――。「人はどの部署も足りない。併任とはいえ、人を配置しているのだからうまく使え」それが答えだった。増員を要求して断られたのは初めてのことだった。

その頃、厚労省では統計不正の問題が国会などでも大きく取り上げられており、その対応を行う部署の業務量が飛躍的に増加して、省内中から過去にないほどの人数の応援職員が集められていた。そうなると、応援職員を派遣した不祥事と関係のない部署もすべてギリギリの状況になる。省全体がそのような状況の中で、増員をすることができない状態だったのだ。自分の部署から不祥事対応に応援職員を出すことを免除されただけで御の字だったのだ。

援軍の道はふさがってしまった。あとは、自分の限界とプロジェクトのゴールとどっちが先に来るかである。2カ月十分な睡眠がとれず、胃が痛くておかゆしか食べられなくなり激やせしていた自分に、大きな余力は残っていなかった。制度を検討する有識者を集めた会議の最中も、胃に激痛が走って身動きがとれなくなることがあった。僕がいたのは医療政策の部署だから、職場には医師免許を持った医系技官と呼ばれる職員がたくさんいる。「千正さん、きっと胃潰瘍ですよ」と言われた。

最終的には、制度検討の会議をしていても、議論している内容が理解できなくなり、込み入った長いメールは内容が頭に入ってこないような状態になってしまった。初めて、仕事がイヤだと思うようになった。自分の限界の方が先に来たのだ。

18年から19年にかけて、厚労省では様々な部署で、自分と同じようにたくさんの職員が休職に追い込まれた。退職者も相次いだ。忙しい部署に配置されている職員たちだから、いずれも元々よく働く職員だ。働き方改革を担当するある部局では、若手女性が三人いっぺんに退職した。

家族の犠牲と家庭崩壊

本人がそんな状態であれば、当然家族にも影響が出る。過酷な働き方を強いられる官僚たちの家庭は、どうなっているのだろうか。

僕が若い頃は、まだ民間企業の中にもブラックな職場が多く、霞が関だけが特別ブラックではなかった時代だ。男性が24時間働き、土日でも仕事を優先するということが当たり前だった昭和の名残があった。そういう世の中だから、奥さんや実家が子育てを含めて家庭のことをやってくれる中で、超長時間労働が許される官僚の割合も多かった。

夫が24時間、土日も仕事を優先するという生活は、官僚の仕事に理解のある奥さんの支えなくして成り立たない。今の子育て世代は、官僚も完全に共働きがスタンダードだ。奥さんも働いている場合がほとんどなのに、官僚の仕事が社会的に大事だからといって家族に犠牲を強いることが本当によいことなのだろうか。

しかも、前述の通り女性職員の割合が増えている。女性職員も若い頃は超長時間労働を経験するが、出産・子育てのために産休・育休を取得するし、復帰後も保育園の迎えのために残業なし勤務などを選択するケースが多い。男性でも最近は介護や子育てといった家庭責任を果たす職員も増えてきている。中堅以下の職員の3割程度が女性で子育て中の人も多く「働き方に配慮が必要な職員」となる。男性であっても1割くらいは激務で体調を崩したり、あるいは家庭の事情などがあり、やはり「働き方に配慮が必要な職員」だ。労働時間に配慮が不要な職員が残りの6割くらいいたとして、そのうち、重要政策、法改正、不祥事など極めて難しい仕事を処理できる職員は、さらにその半分強くらいだろう。

つまり、全体の3割くらいの職員しか忙しい部署に配置できないのだ。奥さんが専業主婦の男性職員が中心の時代と比べて、この割合が著しく減っている。一方で、政策課題は増え、求められるスピードも上がっている中で、不祥事も頻発し、炎上している部署に応援職員が集められる。その結果、極端に忙しい部署は増えていく。こうして、組織の余裕が全くなくなってきている。このことが職員の生活や人生にも大きな変化をもたらしている。

昔は、いくらでも働くエース級の職員でも、例えば法改正など一つの大きなプロジェクトをやったら、次はあまり忙しくない部署に配置してバランスをとることができていた。霞が関では、こういう激務の後に配置される落ち着いたポストを「お疲れさんポスト」「お休みポスト」と呼ぶ慣習がある。

ところが今は、法改正チームで徹夜続きだった職員が、閣議決定して国会に法案を提出して仕事が一段落した瞬間に、不祥事で炎上している部署に応援に出されることも珍しくない。こういう労働環境の中で、元々よく働く元気な職員が体調を崩すということが頻繁に起こっている。中心選手にお休みポストは与えられず疲弊していく。

問題はそれだけではない。本人が体調を崩さなかったとしても、家庭を壊すケースがあるのだ。例えば、夫婦共働きで両方とも地方出身者なので、子育てを両親に頼むことができない家庭も珍しくない。こうした家庭で、子どもが０歳と２歳という状況で、厚労省のある男性職員の部署が異常に忙しくなったことがある。男性職員は毎日深夜か明け方に帰宅する。奥さんは、仕事もしながら０歳児と２歳児のワンオペ育児を強いられるのだ。

普段は、夫の仕事に理解のある奥さんも、とてもではないが耐えられない。当然、夫婦げんかも増える。男性職員は、仕事だけでも限界の生活を送っている中で、家に帰ると奥さんも限界の生活をしていて、ケンカが絶えなくなる。しかし、役所は人員の余裕がないので、彼を残業の少ない部署に異動させることもできない。彼にとってみると、解決策も逃げ場もない状況で離婚の危機を迎えてしまった。結局、なんとか持ち前の責任感で仕事もこなし、離婚にも至らなかったのだが、彼は完全に疲れてしまった。「なんのために働いていているんだろう」。彼がボソッと漏らした言葉が忘れられない。

切迫早産や流産も

別の形の家庭崩壊の危機もある。女性職員が増えている霞が関では、働く妊婦も多い。出産の時期に当たる20代後半から30代は、一番忙しい実務の中心となる世代だ。一般的には、妊娠期間中はある程度長時間労働にならないように配慮されている。ある職員は、妊婦本人も産婦人科医から「妊娠中は普段の7割くらいの負荷の生活にしてくださいね」と指導された。「普段、人の1・5倍以上働いている私の7割というのはどこを指すのだろう」と思いながらも、彼女は21時とか22時頃に退庁していた。それまでは深夜まで働くのが普通だったから、本人は「楽だなあ」という感覚だったそうだ。

しかし、ある日突然、切迫早産になり入院することになった。妊婦本人が元気であることと胎児がよい環境で育つことは必ずしもイコールではないし、胎児の成長には医学的にもまだ分からないことが多い。全ての妊婦が深夜まで働いているわけではないが、配属されている部署が急に政治的に注目されて連日国会対応が発生するなど、いわゆる炎上状態になることは珍しいことではない。こういう時は、本来であれば職員を増やして、妊婦に異常な働かせ方をしないようにすべきだが、慢性的な人員不足から人員を増やすことができない。結局、霞が関のデフォルトである「繁忙期は、公務員一人当たりの労働時間を際限なく増やす」以外の道はない。

このような状態を見かねた記者が、18年に「厚労省は夜中の3時まで妊婦を働かせている」という記事を書いた。慌てたのは幹部だ。すぐに、その部署に応援人員を配置して、本人には早く帰るようにと指示が出た。幸い無事に赤ちゃんは生まれてきたし本人も元気だったが、こんなことは母子の命と健康の問題なので、本来あってはならない。しかし、人員不足が解消されない中で新型コロナウイルス感染症対応に厚労省は忙殺され、20年にまた妊婦の職員が長時間労働の末に切迫早産で緊急入院というケースを出した。厚労省の若手が立ち上がって幹部たちを説得して、妊婦に対する働かせ方を抜本的に見直すように全部局に指示を出させた。このような悲劇は繰り返されてはならない。

妊婦である職員がごく一部なら、その人を特別に配慮すれば役所全体の仕事は回るかもしれないが、あちこちに妊婦がいる今の職場環境で、働き方そのものを変えるとともに人員配置を見直さないと、新しい命は守れない。そういう女性の先輩を見ている若手女性職員のショックは計り知れず、実際に若手女性職員の離職は相次いでいる。

最も忙しく働く20代、30代と出産・子育ての時期が重なることの問題は、女性職員だけのものではない。奥さんが家庭や夫を支える前提で、24時間、土日対応をしている男性職員にも悲劇は襲いかかる。ある男性職員は、ようやく奥さんのお腹に新しい命が宿って幸せに満ちあふれた頃、局内にいくつも国会で炎上する案件や法律改正の案件が重なった。こうなると、毎日何十問も国会質問が出るので、連日明け方に帰るような生活になる。そんな中で、悲しいことに流産になってしまった。

男性職員本人も悲しかっただろうが、ショックを受けて朝も夜も泣いている奥さんのそばに全く一緒にいてあげられないことが、何よりつらかったという。人事異動を申し出ても、毎日大量の国会質問が届く中で中心選手を異動させれば、業務が崩壊する状態だ。もちろん、他の部署から彼の代わりができるエース級の人材を移すこともできない。結局、国会が閉会してから、彼は家族との時間をちゃんととれる職場に移った。

書いていて本当に悲しくなってくるが、ここに書いたケースは氷山の一角である。いずれも役所の屋台骨を支えるような、優秀でよく働く責任感の強い職員が直面した悲劇である。僕はメンタル不調で長期休職に追い込まれる後輩たちのケアをずっとしてきたが、昔と違って、最もタフなタイプの中堅・ベテラン職員も健康や家庭を壊すようになった。こんな状態では、重要な政策課題を抱えている中で、とてもではないが国民の期待にこたえられる政策を打ち出していけない。僕が心底霞が関の働き方に危機感を持った理由である。

若手が求めているフィードバック

僕は、今の若手は良くも悪くもエリート意識が小さくなった面はあるが、総じて優秀だと思っている。事務処理能力は高いし、言われたことはちゃんとこなす。責任感も強い。そもそも、僕が大学生だった頃に比べて今の学生はちゃんと授業に出て勉強している。教授が授業を休講にすると、学生から苦情が来るという。僕らの頃は休講と聞くと大喜びで遊びに行ったものだ。

成長意欲も極めて高い。僕らが若手の頃は、今の多くの若手職員が抱えているような「早く仕事を覚えて戦力にならなきゃ」というような焦りはそこまで大きくなかった。仕事の中でも飲み会などでも先輩たちと話す機会も多かったので、そんなに焦らなくても、不器用だったり失敗をたくさんしたりしても、先輩たちも通ってきた道だと分かるし、みんなが暖かく見守ってくれていると感じていた。だから、怒られながらも、いずれ自分も先輩たちみたいに戦力になっていくのだろうとおおらかに考えていた。

僕は、厚労省時代も今も、入省間もない人を含めて若手の職員と話す機会が多いが、みんな自分の仕事に対するフィードバックがなくて不安だということを異口同音に言う。自分が一生懸命やった仕事がよかったのか、間違っているのか、もう少し違うやり方があったのか、そういうことを先輩や上司が言ってくれる機会がないので、不安で仕方ない。先輩や上司も常に忙しそうで、作業を処理する範囲でしか話をする機会がないと。

若い人の成長意欲は高いが、視野は限定されているし、見えている時間軸が短いので、道筋を示してあげないと努力の方向性がずれることもある。一度、1年生にこういう話をしたことがある。

「君は、国会答弁の作成や法律の条文など若手としてやらないといけない仕事をまだ経験していないので、先輩のようにできるようになるか不安だと言うけれど、僕が君を見ている限り、君の能力と意欲ならそんなものは時が来たらすぐにやり方を覚えてできるようになる。それは全く心配していない。僕が君にやってほしいこと、変わってほしいことは、細かいことでもチームの先輩たちがそれぞれ何をしているかを、常に見ていてほしいということだ。チームとしてやらないといけないタスクがあるけど、時にはみんな忙しくて誰も手を着けずに、こぼれてしまうことがあったりするだろう。そういうところをちゃんと見て、フォローしてほしい。自分の作業のクオリティ、スキル、貢献度にばかり目を向けるのではなく、チームとしてのアウトプットを出すために、他の人が何をしているか、その中で自分は何ができるか、という発想をしてほしい。1年生だからといって遠慮する必要はない。どんどん他の人の仕事を助けるつもりで、クビを突っ込んでいってほしい」

話の内容は説教じみている気もするが、本人はとても喜んでいた。自分の成長の方向性を、誰も示してくれないのが不安だったそうだ。それ以来とても積極的に仕事をとりに行くようになり、おかげでチーム全体の仕事もうまく回るようになり、僕自身もとても助かった。

一言でいうと、先輩たちが1年生を「ちゃんと見ていてあげる」ということがとても大事なのだと思う。昔は自然にできていたが、今は上から下まで忙殺される中で、他の人を気にする余裕がなくなっていると感じる。僕自身も、役所にいた最後の頃は自分自身が限界を超えてしまい、後輩のことを気にかける余裕がなくなって、あまり話をしてあげることができなかったのを申し訳なく思っている。

自分の仕事の意味が見えない

事務処理能力の高い若手が抱える悩みはまだある。自分のやっている作業が、どのように役立っているかが見えにくいということだ。課長が国会議員に説明に行くための資料を若手が作る、というケースを例にとろう。昔は、課長が若手に声をかけて「メモ取りのためについてこい」と言って、一緒に連れて行くことがよくあった。一応、メモも取るのだけれど、若手を連れて行かなくても仕事は進む。実は若手に経験を積ませることが目的で、自分が作った資料が、どういう場面でどのように使われるのかを見せるのだ。また、若手も理解している内容を課長が国会議員にどのように説明するのかを隣で見るので、説明の仕方を学ぶこともできる。さらに、役所に帰ってきて作ったメモを課長は直して、会議や打合せのメモの取り方まで指導してくれる。そういう経験が、次に資料を作成する時の工夫につながるし、自分が説明する立場に立つ時にも役立つのだ。

上から下まで忙しい中で、今はこういう機会が激減している。若手を議員レクに連れて行きたくても、その間若手の作業時間を奪うと仕事が回らなくなるため、連れて行けないのだ。そうなると、若手はとにかく言われた資料を作るという、作業をするマシーンのようになってしまう。

例えていうなら、工場のラインで部品組み立ての仕事を毎日夜中までやっているけど、自分が作っている部品が自動車になるのか、冷蔵庫になるのかということを知らされずに、ひたすら手を動かしているような感じに近い。自動車だということが分かっても、自動車がどうやって人の役に立っているのか、休日にその自動車を買った人が家族でドライブに行って幸せな時間を過ごしている、そんなシーンを見ることもないのだ。若手の疲弊の中には長時間労働そのものもあるが、やっている仕事が何のためになっているのか、誰のためになっているのかが分からないという悩みもある。

国会改革をはじめ、役所の仕事を徹底的に効率化して、空いた時間で若手には、自分の仕事の「その先」を見る時間と機会を作ってあげたいと強く思う。そうすれば、若い人たちが自分の仕事に前向きに取り組めるようになるし、作る政策が利用者の目線に変わっていくからだ。

世の中は変わっているのに

ブラックな労働環境については官僚志望の学生もおびえている。「ブラックなのは知っていて就職するんじゃないの？　なんでそんなにおびえているんだ？」と内定者に聞いたことがある。「いや、分かってはいますけど、そうはいってもまだ人間性を失うほどではないのではないかと、淡い希望を持っているのです」とその学生は答えた。

そんなやりとりをしていて、僕は気づいた。ブラック労働のスタンダードが、僕が若手の頃と明らかに変わってきているのだ。僕が就職した2000年代前半は、大手の民間企業に就職した同級生たちもみんな夜遅くまで働いていたし、休日労働も当たり前だった。行きたくもない接待の宴会で裸になったり、ゴルフに付き合ったりしていた時代だ。就職後、よく民間企業に就職した同級生の愚痴を聞いていたので、「給料は安いけど、好きな仕事をしている自分の方が幸せなんじゃないか」そんな風に感じていた。

今は、どうだろう。僕の同級生の大企業の管理職の連中に聞くと、労基署の監督はどんどん厳しくなり、若い頃と働き方が劇的に変わったという。課長は、月の残業は45時間が上限。20代の職員には、月25時間以上残業させてはいけないことになっているそうだ。休日に取引先との付き合いで参加するイベントは、管理職の役目だから自分は参加するが若手を巻き込まない。

役所の若手からすると、民間企業に就職した大学の同級生がこのようなホワイトな働き方をしている中で、自分の超長時間労働の状況をどう感じるだろうか。僕らが若手の頃と全く受け止めが異なるのは当たり前だ。若手が変わったのではない。世の中が変わっているのに、霞が関が変わっていないのだ。

昔から続いているサービス残業を、僕は気にしたことがなかった。そもそも公務員は、基本給も仕事のパフォーマンスとあまり関係ないし、大学の同級生より給料が安いとはいえ、生活していけないほど低いわけでもない。大学の同級生と飲みに行くと、役所の飲み会と違っていい店に行くから出費が増えるなあ、その程度の感覚だった。でも、今の若い人に話を聞くと、サービス残業は本当に理不尽で納得がいかないという声が多い。

もちろん、サービス残業が民間から一掃されているわけではないが、若手官僚の同級生たちが働くコンプライアンスの厳しい企業では、違法なことは許されないし労基署の監督も入る。何よりブラック企業として敬遠される。今の若手官僚が僕の若い頃と違って、サービス残業に強い嫌悪感を抱くのは当然だろう。

国家公務員に、残業代をどんどんつけろと言っているわけではない。残業そのものを徹底的に減らすべきだ。若手が、公務員でなければ選んでいたであろう民間企業の働き方と比べて極端にブラックな現状は、霞が関の採用難と離職を進める要因になるのは間違いない。実際に、20代や30代半ばくらいまでの忙しい部署に配置されている人であれば、民間企業への転職は可能だし、労働時間は短くなって少なくとも健康や家庭を害するような働き方ではなくなる。そして、多くの場合収入も上がる。今は、SNSなども発達しているし、転職した同僚たちの生活も見えやすくなっている。今のブラックな働き方を変えなければ、どんどん若手の離職は続いていくだろう。

離職した若手の思い

役所を辞めた後輩たちと今でもよく話す。中には、本当に霞が関がイヤになって辞めた人もいる。ただ、多くの後輩たちが「今でも役所の仕事は好きだし、大事だと思います」「職場の人は尊敬できる、よい人が多かった」と言いながら、「このままの働き方をずっと続けていくのか」「霞が関の働き方と、結婚して出産して子どもを育てていくという人生を、とても両立できると思えなかった」と言う。

他にやりたいことができたり、ステップアップしたり、仕事がいやになって転職するというのは、もちろんあってよいと思う。やりたいことと違う仕事を続ける必要はないし、より高い待遇を求めるのも自然なことだろう。霞が関で働く以外に社会に貢献する方法はいくらでもある。公務そのものの魅力がなくなっているなら仕方ない。

しかし、退職した若手たちも、公務の魅力がなくなっているると感じているわけではない。だからこそ、悩んだ末での結論だ。僕自身も公務に対する敬意や愛情みたいなものは、みじんも変わっていない。

人材の流出を防ぐために必要なことは、今の霞が関と比べて働き方を改善することではない。今の民間の大企業と比べても、それほどかけ離れていない働き方にすることだ。人材の流出が増えても民間から中途採用すれば問題ないという意見も目にするが、今の労働環境のままでは、中途採用の募集をしても人が集まらないし、採用しても離職してしまうだろう。プロパーの官僚の持っていない知識、ノウハウ、経験を持っている人の中途採用は組織の能力を上げるために必要と思うが、今のブラックな環境を放置した人材確保策として行うなら機能するはずがない。

採用難に直面する霞が関

キャリア官僚の志望者はどんどん減っている。僕が国家公務員試験１種を受験した１９９８年度の申込者数は４万５３５人。直近の国家公務員採用総合職試験の申込者数は、２０１８年度１万９６０９人、19年度が１万７２９５人（前年度に比べて11・８％減）

である。20年度は1万6730人だ。この20年余りで6割近く減ったことになる（図2）。

官僚の採用難の話をすると、ビジネスセクターの人の中には給料が安いことを指摘する人もいる。官僚の給料を論じるのは、人によって感じ方が大きく異なるので難しいのだが、実感としては「民間企業に就職した大学の同級生より低いけど、世間的には決して低くはない。贅沢はできないけど生活に困ることはない」という感じだ。学生の職業選択という観点から語ると、キャリア官僚になるような大学生の就職先は大手企業が多いので、学生にとっては金銭的な魅力は高くない。退官後の天下りで取り返すなんていうのは、僕が就職した20年前でも考えていなかった。僕より上の世代が享受してきた現役時代からの役得もなくなった。学生も分かった上で、わざわざ試験勉強をして公務員試験を経て入省してくるので、お金持ちになりたくて官僚になる人はいない。他に割のよい就職先がたくさんあるからだ。

官僚を志望する学生が一番気にするのは、やりがいのある仕事ができるかどうかということだ。ただし、僕の時代と違って非効率な仕事のやり方やブラックな働き方に対する恐怖心はものすごく大きい。仕事の内容に興味を持っているけれど、働き方を理由に

図２　国家公務員採用総合職試験申込者数の推移

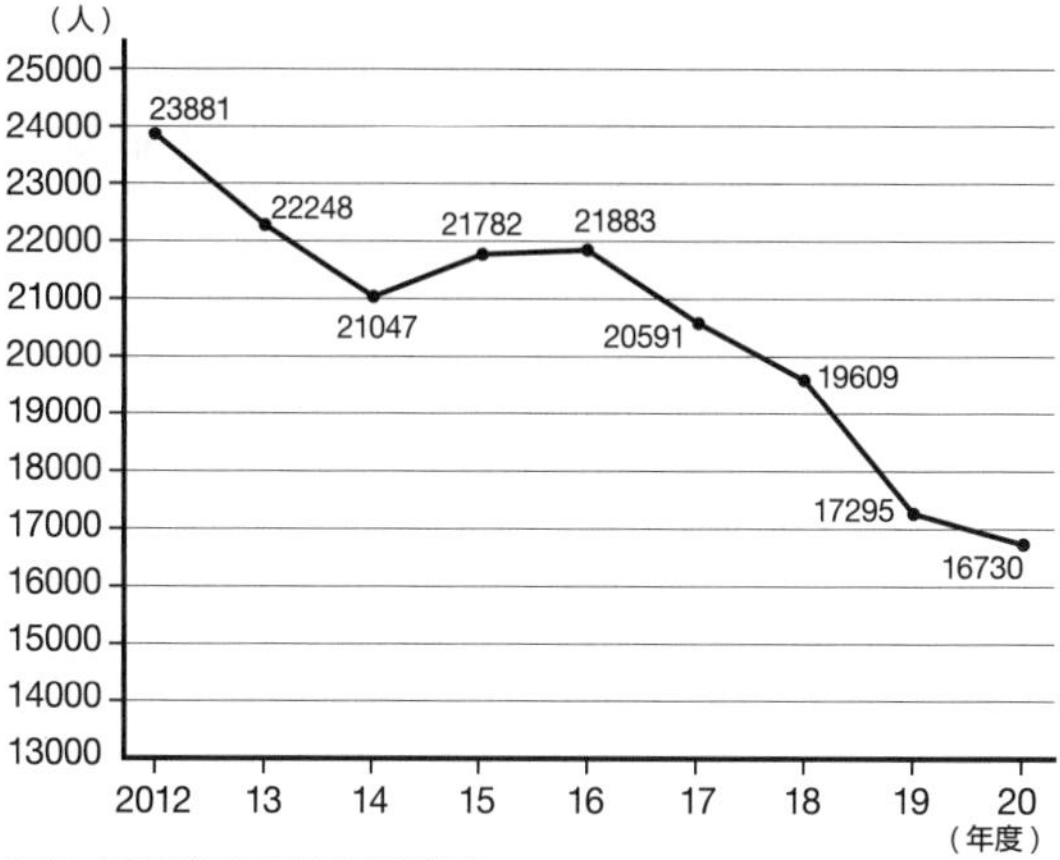

出所：人事院発表資料を元に筆者作成

二の足を踏む学生が増えていることは変えていきたい。優秀な学生が公務員ばかり目指す必要は全くないが、少なくとも職業選択がフラットにできるようにすべきだと思う。

民間人と自治体職員にもしわ寄せが

あまり知られていないが、霞が関のマンパワーを補充しているのは、民間企業と県庁や市役所などからの出向者だ。厚労省にも、福祉関係の部署には市役所からの出向者がたくさんいて、実務を支えている。医療関係の部署には、大学の医局から臨床医が多数出向している。さらに、民間企業からの出向者も様々な部署で活躍している。

このこと自体は決して悪いことではないが、あまりに異常な働き方に耐えきれず体調を崩して、出身の自治体に任期の終了を待たずに帰るケースもある。

よく、官民交流を進めるべきだという声がある。僕自身もそれには大賛成だが、このような異常な働き方を強いる職場では、自治体や民間企業などの人たちにぜひ経験すべきだとお勧めしにくいし、せっかく出向してきてくれたのに激務で体調を崩してしまうなど、あってはならないことだ。もはや、厚労省はこういう出向者の存在なしには業務が回らないところまで来ているが、彼らが数年でいなくなることによる業務の継続性や本省の職員の人材育成の機会の減少など、別の問題をもたらしている。

官民交流も、組織の活性化や官民パートナーシップを強化するためには進めるべきだが、人材不足を民間企業や自治体職員が穴埋めするような状況になっている現状は決して好ましくない。

第3章　そもそも官僚はなぜ必要なのか
～民間と大きく違う公務の本質～

「政策をつくる」という仕事

ここまで霞が関の官僚が直面している苦しい状況を説明してきた。ひどい働き方だなと思う読者も多いのではないかと思うものの、こんな声も聞こえてきそうだ。

「そもそも官僚なんて、いなくてもいいんじゃないの」
「民間に優秀な人材が集まった方がいいよ」
「今まで甘い汁を吸ってきたんだから、同情の余地はない」
「一部のエリートの話で、一般国民には関係ない話だ」

そこで本章では、「そもそも官僚は社会のために、なぜ必要なのか」ということを論じてみたい。官僚が身近にいない多くの人にとっては、そもそも官僚が何をしているのか、官僚の仕事が国民生活とどう関係しているのか、そういうことが見えにくいように思うからだ。

一言でいえば、官僚の仕事は政策をつくることだ。政策というのはよく聞く言葉だと思うが、そもそも具体的に何のことだろうか。僕なりの定義を紹介すると「政府独自のリソースを活用して、人々の行動変容を促し、社会課題を解決する営み」ということだ。人の行動を変えて社会課題を解決することは、別に政府でなくてもできる。民間企業が新しい製品やサービスを開発したり、ＮＰＯが社会的事業を行うことで課題解決をすることもある。ただ、政府が持っているリソース・ツールが独特なのだ。

政策のツールは、①法規制、②予算、③税制、④執行、⑤情報提供、⑥ＰＲ、⑦表彰、⑧海外との協力、と多岐に渡る。ある課題を解決するために、どのようなツールを組み合わせてベストミックスを作っていくか。これが政策をつくるという仕事だ。

一つずつ簡単に説明しよう。①の法規制は一番強いツールで、国しか作れないものだ。ひとたび規制を作ると、好むと好まざるとにかかわらず強制的に適用されて、違反すれば罰則が科せられることもある。
②の予算は、国民から強制的に徴収した税金や社会保険料などを活用して、みんなにとって必要なことに使うものだ。義務教育が無償なのも、道路などインフラが整備され

ているのも、医療、介護、保育など必須のサービスが負担可能な値段で受けられるのも、税金や社会保険料のおかげだ。

③の税制は、②の予算との関係で必須のものだが、設計次第で企業活動や国民生活の格差にも大きな影響を与える。また、障害者雇用を積極的に行っている企業に優遇措置を適用するなど、望ましい方向にインセンティブをつけるようなことも可能だ。

④の執行は、役所が直接取締りをしたり、サービスを提供したりする営みのことだ。例えば労働基準法があるだけでなく、労働基準監督署がちゃんと取り締まるから違法なサービス残業が減るわけだ。困った時には色んな相談に乗ってくれる福祉の窓口もある。子どもができたら保健センターが両親学級を主催して赤ちゃんの世話の仕方を教えてくれたりする。

⑤の情報提供も、国がやることで人々の行動が変わりやすい面がある。分かりやすい例は感染症の流行情報だろう。新型コロナの感染者情報の発表が注目を集めたが、毎年流行するインフルエンザの感染者数を厚労省は全国で定点観測しており、毎週発表している。「今年はインフルエンザが流行しています。うがい、手洗い、マスク着用をお願いします」というニュースを見ることがあるだろう。あれは毎週厚労省が発表している

データを、国民が知りたい情報だから報道してくれている。背景には国に対する信頼がある。

⑥のPRは、がん検診の受診を勧奨したり、里親を募集したりといった周知広報によって人の行動を変える手法だ。25年くらい前までは、夏でもネクタイを締めるのが礼儀だったが、その代わり外回りから帰ってきた社員のために、オフィスの冷房はとても強く内勤の社員は寒いくらいだった。環境省（当時は環境庁）が地球温暖化対策の一環で冷房の設定温度を28度にしましょう、そのかわり夏のネクタイは止めましょう、と呼びかけて広まったものだ。年輩の企業の人に聞くと、国や県庁などが率先してやり始めたので、導入しやすかったという声も聞く。

⑦の表彰は、望ましい取組みをしている企業を表彰することによって、同じような企業を増やそうとする活動だ。例えば、「イクメン企業アワード」といって男性の育児参加を推進する企業を表彰したり、「技能五輪」を開催して若い職人さんの育成を後押ししたりしている。

⑧の海外との協力も、外国との条約や協定の締結など国でないとできないものがある

し、日本企業の製品やサービスを総理の外遊に合わせて相手国に売り込むトップセールスというのもある。僕がインドの日本大使館勤務時代に、インド政府にお願いして日本の承認を受けた医療機器のインドでの実質審査省略を実現してもらったが、これは日本政府の立場でないとできないことだ。

複雑な調整過程の意味

国の政策の民間の事業との一番大きな違いは、客（国民）が商品を選べないということだ。強制的に商品である法律が適用されたり、行政サービスが提供される。そして、その費用は税金や保険料などの形で徴収される。それは、あたかも市場に一つしかない商品を全国民に押し売りしているような商売なのだ。自分でお店に行ってマスクを選んで買って怒る人はいないだろう。自分で選んで納得してお金を払っているからだ。コロナ禍で評判のよくなかった「アベノマスク」は、納得していなくても全世帯に布マスク2枚が勝手に配達された。四百数十億円の費用も全国民が負担する。欲しくないものを押し売りされたようなものだから、怒る人がたくさんいるわけだ。

強制的に買わされるのだから、勝手な商品（政策）を作られては困る。だから、法律が適用されたり、サービスを受ける時、また費用を税金や保険料という形で徴収される時には選べないけれども、代わりに商品開発の段階で漠然とした世の中の合意を得ておくプロセスが必ず必要になる。これが民主主義の本質であり、多様な立場の人の意見を一つにまとめるための「複雑な調整過程」なのである。

よいか悪いかはともかく、日本ではこの複雑な調整過程を政治家だけでなく、かなりの部分を官僚が担っている。官僚の「政策をつくる」という仕事の中でも、案を作ること以上に大きな労力がかかるのが、意思決定に至るまでの関係者との調整である。政策の世界に身を投じてから20年近く経つが、この間に政策のつくり方は大きく変わってきた。この変化が官僚の働き方にも大きな影響を与えているので、その変容についてお話ししたい。

官僚主導と言われた1990年代くらいまでは、顔の見える限られたステイクホルダー（関係者）との調整が中心であったため、調整の過程で想定外のことが起こることが少なかった。90年代後半くらいから既存のステイクホルダーとは異なる人たちから異論が出たり、従来とは別の意見調整の場が設定されることが増えた。例えば規制改革推進会議、行政改革会議、経済財政諮問会議などがそれに当たる。さらに、直近の5年くらいは、意見集約のプロセスがかなり流動化していて、想定外の炎上により、あわてて一度決めた政策を変更するケースも増えてきている。このような政策のつくり方の変化について、詳しく説明したい。

よい政策をつくるための3つのプロセス

国民に届くよい政策をつくるには、必ず以下の３つのことが必要だ。

①詳しい人が徹底的に考える。
当たり前のことだが、みんなが使う法律や制度の案を作る人間は、その内容や変えた時の様々な影響が見通せるように詳しくないといけない。専門家の知識は非常に大事だ。

②できるだけ多くの人の意見を聞く。
仮に、政治家や官僚が優秀だとしても、世の中のすべての国民の生活や制度のバグ（欠陥）を見通すことなどできない。だから、謙虚に色んな立場の人の意見を聞いて、よりよいものへと修正するプロセスが必要だ。

③決めたあとの執行のことをよく考える。
政策が最も話題になるのは、その政策を決めたタイミングだ。報道もたくさん出る。

一番国民に注目されるタイミングだから、政治家も政策を打ち出すタイミングを気にする。しかし、政策は国民の生活に届いてはじめて意味を持つ。どんなに大きな給付金を予算に盛り込んでも、どんなに大きくかっこいい政策パッケージを打ち出しても、現場が動いて国民に届くようにするための時間や手法をちゃんと確保しないと意味がない。

中間組織の弱体化

90年代後半くらいまでは官僚主導と言われた時代であり、①と③が重視されていたように思う。その政策に詳しい各省庁の専門家が作っていたし、それを決めるのもその政策分野を専門に取り組んできた族議員と呼ばれる国会議員が中心だ。族議員が活動する代表的な場所が、与党の政務調査会の部会だ。部会は省庁ごとに設けられていて、厚労省の重要政策は必ず厚生労働部会の審査を受けなければならない。

③についても、極端に短期間で制度設計を求められることは少なく、役所が丁寧に制度設計や制度のスタートに向けた準備を完遂できるスケジュールで政策を作ることができていた。省内の人員配置も計画的にできていた。

課題は、②のできるだけ多くの人の意見を聞くプロセスが昭和の頃から変わらず、業界団体や労働組合などの中間組織（政治学的な言葉だが、国民と政策決定者の中間に存在して両者のコミュニケーションを円滑にする役割を果たしている。経団連も連合も日本医師会も政治学的な「中間組織」だ）を経由していたことだ。こうした中間組織の代表が役所の審議会にも出て、組織内でまとめた意見を述べるし、族議員への働きかけも行ってきた。こうした政治構造は政官財の鉄のトライアングルと呼ばれた。

バブル崩壊や、90年代後半の金融危機などを経て、リストラで終身雇用も崩れてきたし、非正規雇用も増えた。国民の価値観や生活スタイルも多様化してきた。そういう中で、どの中間組織の組織率も下がってきた。分かりやすい例をあげよう。労働組合の組織率は高度経済成長期には35％程度で推移していた。そうした労働組合の全国組織の代表が労働組合の中の意見をまとめた上で、国の政策を決める会議にも参加して声を届ける。霞が関もそういう労働組合の全国組織の代表の意見を聞いておけば、働く人の不満があまり出なかった。しかし労働組合の組織率は昭和50（１９７５）年頃から徐々に下がり続け、現在では16・７％（厚労省「労働組合基礎調査」２０１９年6月30日現在）である。今でも、労働組合の全国組織の代表は、労働者の意見をまとめた上で、その代表として国のあらゆる審議会に参加している。ただ、そもそも働いている人の一部の人の意見しかカバーできていない可能性があるということだ。

中間組織が弱体化していくと、役所の審議会や与党の政務調査会厚生労働部会を中心とした既存の政策決定のプロセスでは、多くの国民の意見をカバーすることができなくなってきた。だから、各省や族議員に政策決定を任せていると、国民の支持を集めることが難しくなっていった。また、既存の固定的なステイクホルダー間の意見調整の結果としてできあがっている規制は、新しい時代にあったビジネスをやろうとする人たちにとっては障壁となることも顕在化してきた。

こうした構造を変えようとして、各省庁ではなく政府全体のイシュー（問題）を検討する内閣官房・内閣府に規制改革推進会議や経済財政諮問会議のような議論の場が設定され、既存のステイクホルダーとは異なる人たちの意向を、各省の政策に反映させようとする舞台装置が整ってきた。各省の官僚たちは、このような新しいステイクホルダーと既存のステイクホルダーの間の調整に奔走するようになる。

官邸主導の内実

こうした中間組織の弱体化は、世の中の意見集約を難しくしたことに加えて、投票行動の変化ももたらした。有権者の所属組織や社会的な立場と、投票行動が結びつかなくなり、無党派層・浮動票が増えたのだ。

さらに、90年代半ばに衆議院に小選挙区制が導入された。一つの選挙区から数人が当選するそれまでの中選挙区制と異なり、一人だけを選ぶ選挙だ。自分の選挙区の候補者がよい人かどうかということよりも、どうしても政権与党を選ぶか、野党を選ぶかという選挙になる。実際に２００９年には民主党が衆議院選挙で過半数を大きく上回る３０0議席以上の議席を獲得して政権交代が起こったし、12年には逆に自民党が３００議席近くの議席を獲得して政権の座に返り咲いた。

こうした政治状況の変化により、政権の支持率が低いと、与党の議員といえども、選挙で負けるリスクが極めて高くなった。政権の支持率が20％を下回ろうものなら、与党内から「この総理の下では選挙は戦えない」という声が上がり倒閣運動が起こる。政権の座につく者は支持率を常に高く保ち続けないと、権力の座に座り続けることができなくなったのである。だから、官邸に権限を集中させてスピーディに大きく政策を動かすことができるように、意思決定プロセスは変わっていった。政府に入っていない与党の議員は政策形成に自分の影響力を行使しにくくなったが、支持率が高い限りは、選挙で勝てる可能性が高いので文句は言いにくい。これが、官邸主導の本質的な背景だ。

もちろん、国の政策の全てを官邸が決めているわけではなく、既存の意思決定プロセスもまだ機能しているのだが、支持率に直結するような国民の注目度の高い政策については官邸が決めることが多い。消費税率を8%から10%に引き上げるかどうか、引き上げたことによって増えた税収を何に使うか、そういったイシューだ。もちろん、新型コロナ対策のような全国民が注目する政策もそうだ。

特定の団体ではなく、世の中の空気を読んで政権中枢の官邸が政策を決めるように権限の所在が変わってきたのは政治学的に見れば極めて自然なことだし、固定的な既存のステイクホルダーだけでなく、より多くの人のことを考えて政策を決めること自体は好ましいことだと思う。一見すると、前述の②のできるだけ多くの人の意見を聞くというプロセスが機能しなくなっていたのを解決しているかのようにも見える。

「これじゃない」政策ができるワケ

ただし、支持率が上がるかどうかを重視するあまり官邸が少人数で決める構図になり、①の詳しい人が考えるという要素がかなり弱くなってしまった。時には合理的でない政何とかつじつまを合わせるべく、その方針に沿った政策の細かい設計を進めながら、各方面からの批判への対応に奔走するという構図になっている。

③の決めた後の執行のことまで考える、という要素は完全に置き去りにされてしまっている間に政策を打ち出さなくてはならない。このため、どうしても無理な工期での制度設計を強いられることが増えた。実務を司る役所のマンパワーのことは考慮せずに、仕事のスケジュールが決められるようになったのである。法案を提出する予定の部署には夏の人事異動で質量ともに仕事量に見合う人材が配置されるのが通例だが、近年は急な政策ニーズに対応するために、夏の時点で想定していなかった法律改正がずいぶんと増えた。特に、厚労省のような役所は、法案が多い上に近年は不祥事や災害、感染症などが重なって人繰《ひとぐ》りが全くできなくなっている。

また、国民がその課題に注目している間に取り上げて、支持率を上げないといけないのは野党も同じだ。国会での追及も厳しくなるし、国会以外にも野党合同ヒアリングなどでテレビカメラを入れて厳しく官僚を糾弾するようになった。これも官僚の働き方が過酷になっている大きな要因である。どちらも、政治的な戦略としては正しいのだろうし、よかれと思ってやっているのだろうが、結果的に政策をつくらないといけないはずの官僚たちは説明にばかり追われ、対応策を考える余裕がなくなっている。

官邸主導だろうと政治主導だろうとなんだろうと、政治状況が大きく変わって迅速に対応がとられるようになったこと自体は素晴らしいと感じている。ただ、支持率を上げるため、世の中の関心が高まっているうちに政策を打ち出さなくてはならないということであれば、それに追いつけるようなマンパワーの確保が必要だ。このことを誰も考えずに意思決定しているのは、大きな問題だ。また、政策をつくるプロセスには、やはりその政策に詳しい人が入るべきだろう。こうした「政策のつくり方」を進化させていかないと、拙速に政策を打ち上げても、「これじゃない感」のある政策ができあがってしまうし、立案や執行が追いつかず結局国民に届かない事態になる。

民間と公務の本質的な違い

官は非効率で無駄が多いということがよく指摘される。確かに改善すべき点が多々ある。一方で、業務改善や働き方改革をしても、本質的に公務に内在する非効率さがあるということも知っておいていただければと思う。

民間と公務の最大の違いは何か。それは、先ほど述べたように、民間と異なり、お客さん（国民）から見て、商品と会社を選べないということである。日本に一つしかない商品を、強制的に全国民に押し売りしているような商売なのだ。

なぜ、そのような一見あこぎな商売が存在しているかというと、そのような制度がないと生活の安全や安心が守れないからである。道路交通法や取締りがなければ、自分が気をつけていてもいつ乱暴な運転の車にひかれるか分からないし、食品衛生法がなければ常に食中毒のリスクを気にしながら食事をしないといけない。健康保険がなければ、病気になってもお金がなければ医療を受けることができないし、医療の質を確保するための医師法や医療法がなければ怪しげな治療で高価な治療費を請求されるかもしれないし、いつ医療事故に遭うか分からない。

そして、そのような制度から恩恵を受けるのは一部の人ではないし、誰がどのくらい恩恵を受けるのかを測定することも難しい。だから、費用を全国民が負担することになっている。また、恩恵を受ける人が特定できたとしても、その人が全ての費用を負担することにすると、お金持ちしかサービスを受けられなくなるので皆が安心して暮らすことができなくなってしまう。だから、お金のある人がより多く負担する。能力に応じた負担だから、これを応能負担という。これとは逆に、利益を受ける人が負担することを応益負担という。税制も社会保険もこの応能負担と応益負担の組合せでできている。

この「日本に一つしかない商品を強制的に全国民に押し売りしている」ことと「法制度を運用するためのお金も強制的に徴収されてしまう」ということが、民間とは大きく違う公務の本質なのだ。このことが、民間と異なる官の仕事のルールをもたらしている。

官僚はいつの時代にも必要

それが先ほど述べた「複雑な調整過程」というやつだ。法制度は一つしかないので、様々な立場の人全員にとって100点のものは作れないのだけれど、「一つ作るとしたらこれがいいよね」という合意をとっておくのだ。このプロセスが政治そのものであり、意見集約、利害調整といった言葉で表現される。具体的なこのプロセスは国会だけではない。各省の審議会も、ロビイストの働きかけも、パブリックコメントも、メディアの報道やツイッターなどで表明される一般の人の意見も、全て含まれる。

政策というのは中身も当然大事だが、それを作るプロセスに納得感があることも同じくらい大事なのだ。だから、政策をつくっている官僚からすると、役所の中だけで決められることはほとんどなくて、法律の解釈や運用を示す通知の細かい文章を変える時でさえ、関係者や国会議員に説明して納得を得るプロセスがある。ステイクホルダーが非常に多いし、決めるまでに時間がかかる。民間のサービスの場合は、サービスを受ける時に、モノを買う時に、好きな人が選んで買う。逆に言うと、キライな人は買わなければよい。だから、どういう商品を作って売るかは、基本的に社内でスピーディに決めることができる。

こういうルールの中で、政策という商品を作っているのだから、官僚の仕事は本質的に面倒くさい。作っているそばから、色んな人があぁだこうだ言ってくるし、あちこちに説明に行かなければならないし、修正を強いられることも多い。作った後も、様々な苦情や要請が来る。国民全員がお客さんだから、「あなたには関係ないだろ」などと言うこともできない。これは霞が関だけでなく、市役所など現場の公務員も全く同じだ。国民（住民）からすると、商品や会社を選べないわけだけれど、公務員の側から見ると「客を選べない」ということだ。

社会が変わっても、政策というものの必要性は変わらないし、むしろ社会が変わっているのだから政策を変えていく必要性は増している。だから、「客を選べない」という公務に内在する制約を受入れた上で、政策分野の専門性をもって、一部の利益ではなく社会全体の利益を考えて社会課題の解決策たる政策をつくり、複雑な調整過程を乗り切っていく営みは、この社会に常に必要なのだ。そうした機能をしっかりと果たせる霞が関を作るのが、「霞が関の働き方改革」だ。

霞が関の働き方改革は国民のためのもの

先に述べたような、公務というものに内在する非効率さ、面倒くささは必要なことだ。なるべく多様な意見を取り入れるべきであり、民間と全く同じようにはならないし、なるべきでもない。しかし、だからこそ、「多様な意見を取り入れてよい政策をつくること」とは関係のない非効率な慣習は、徹底的に排除すべきだ。

その意味では民間で取り入れている業務フローやコミュニケーションの方法を大いに参考にすべきだろう。国会議員に配る資料をペーパーレスにしたり、国会議員と官僚のコミュニケーションをテレビ会議にしたところで、国民のためには何のマイナスもないはずだ。国会の審議日程を計画的に策定して、国会議員の質問作成や官僚の答弁作成を計画的にできるようにすることも、税金から給料を得ている国会議員や官僚を効率的に働かせるのだから、むしろ国民にとってもプラスだ。

僕は、国会改革を訴えてはいるけれど、政策の議論や行政監視といった国会の機能を弱めてはならないと考えている。むしろ、充実した政策の議論や行政監視の機能と関係のない永田町の慣習を改めて、機能を強化すべきだ。国会議員と官僚の対話の仕方をもっと効率的にして、その分官僚にも国会議員にも勉強したり、民間の人と会って話をしたり、現場を見たり、時間を国民のためによい政策を作るために使ってほしいのだ。そのために、霞が関の働き方改革を実現したいと考えているし、国会も改革しなければならない。つまり、本当に官僚と国会議員を国民のために働かせるための改革だ。

霞が関の官僚に楽をさせようとか、待遇をよくしようとかそういうことではない。あるいは、官界に高学歴な人材を無理やり確保したいというわけでもない。健康と家庭を壊さずに、国民のために働いているという実感を持てる、そういうやりがいのある職場になれば、自然とパブリックマインドを持った優秀な学生は集まってくるし、中途採用の応募も増える。

雇用主としての視点を

国民と官僚の関係についての色々な意見を見ていると、人によって本当に様々な関係性で官僚を見ていると感じる。例えば、民間に比べて待遇が恵まれているという意見があったり、逆に給料が安すぎるという意見もある。あるいは、民間は自分で金を稼がないといけないけど、公務員は自動的に税金から給料が支払われるので気楽だという意見もある。これらは、おそらく同じ労働者としての視点なのだと思う。民間にも多種多様な仕事があるし、国家公務員と一口に言っても28・5万人（裁判官や裁判所職員、国会職員、自衛官などの特別職の国家公務員を入れると58・3万人）もいて多種多様な仕事をしているので、誰と誰を比べるのかは難しい問題ではあるが、確かに民間と比較して公務員の待遇が高すぎたり、恵まれすぎるのは問題だろう。公務員、民間と大ぐくりにするのではなく、同じような仕事をしている民間人とのバランスが大事だ。

ちなみに、公務員が多すぎると言う人がいるが、内閣人事局資料によると、人口1000人当たりの公的部門の職員数はフランス90・1人、イギリス67・8人、アメリカ64・1人、ドイツ59・7人、日本36・9人と、日本は欧米の先進国と比較して公的部門の人員が少ないことも指摘しておきたい。

また、コロナ禍では、給付金や助成金を早く支給しろ、さぼるなといった意見も見られた。実際に市役所の窓口に行ったり、問合せの電話で苦情を言う人も多かった。これは、お客さんがお店を見る時の視点だろう。

実は、国民と官僚の関係には、こうした民間の労働者との公平性を見る視点、お客さんとお店の関係で見る視点の他に大切なものがある。それは、国民は官僚の雇い主であり役所の株主のような立場でもあるということだ。つまり、納めた税金で雇っているという意味では雇い主と言えるし、国民の負託を受けた国会が指名する内閣総理大臣を中心に内閣ができて、内閣の方針に基づいて各省は仕事をしているということに着目すると、間接的にではあるが、企業の意思決定に影響を及ぼす株主という立場にも近い。

そう考えれば、自分が客の立場で役所の窓口などで公務員と向かい合う時だけでなく、役所が国民のためにちゃんと責任を果たせるように、人材確保や育成、業務が遂行できる体制になっているか、効率的な仕事のやり方をしているかなど、目を光らせていくことが大切だ。つまり、客の立場だけで見ると、値段は安くサービスの質は高い方がよいのだけれど、そちらの視点に偏りすぎると、組織や職員はどんどん疲弊していくし、人も育たない。結果として行政サービスの質が低下する。そして、そういう危機感が霞が関ではもはや共通認識になっているといってよい状態だ。例えば、急いで給付金を支給するためには、多少コストがかかっても支給事務をちゃんと遂行できる体制を作れなど、そういう声をあげていくことも大事なのだ。

今一番力があるのは間違いなく国民

新型コロナウイルス感染症関連の生活支援策について、困窮した世帯への30万円の給付金が閣議決定されたあと、強い批判を受けて急転直下で全員への一律一人10万円給付に方針を変更した例でも分かるように、意思決定権者たちは、今や一般の国民がどう思っているかということをとても気にしている。今なお日本で最も政治力を持っている団体と思われる日本医師会が難色を示しても、新型コロナウイルス感染症が流行している中でより安全に診察を受けられるように、オンライン診療も拡大した。完全になくなっているとは言わないが、高度経済成長期の政策形成モデルである政官財の鉄のトライアングルは、かなり弱まっている。

なぜ、霞が関は自分たちで働き方改革を実現できないのか、という声を聞くこともある。もちろん組織内でできる業務効率化や働き方改革を徹底的に進めるべきであることは、論を俟《ま》たない。ただ、ここでも役所の中だけで意思決定が完結しない、という公務に内在する制約が存在する。

例えば、企業が業務効率化や働き方改革を進める際は、業務を効率化するためのシステムの導入、定型的な業務の外注、新しい事業を進めるための他の企業との提携、業務改革・働き方改革のコンサルタントの活用、必要に応じた増員などを行うが、役所がこのようなことを行うためには、いずれも税金を使うことになる。税金の使途、つまり予算を最終的に決めるのは国会だ。また、霞が関の業務を最も圧迫しているのは国会対応であるが、効率的な国会運営を進めるためには、当然国会の自律的な意思決定が必要だ。

国会を動かすためには、どうしても国民の後押しが必要だ。また、新型コロナウイルス感染症に対応するための生活支援策として特別定額給付金や持続化給付金の支給に時間がかかった時に話題になったが、役所の徴税部門が把握している国民の所得などの個人情報を給付事務に活用できるようにすれば、支給事務は効率化され給付金を支給するスピードも上がる。しかし、行政がどこまで国民の個人情報を活用できるようにするかという難しい論点が常につきまとう。これも国民の同意なしには進まない。

第4章　政策は現場から生まれる

〜政策と人の生活の間〜

初めての法律改正

本書は、現時点で僕が問題だと考える点を中心に述べているものなので、どうしても官僚や省庁、国会の負の側面に焦点を当てた記述が多くなる。読者の方も、そうした面に興味を持ったからこそ手に取ってくださったのかもしれない。しかし霞が関の働き方改革が実現すれば、もっと官僚は国民のために働くことができる。国民生活にプラスになっていることを実感できることが、きれいごとでもなんでもない官僚たちの幸せだ。自分の官僚人生もそういう幸せな瞬間に満ち溢れていた。

この章では、僕が政策の現場で経験したことを具体的に紹介してみたい。官僚の仕事が国民の生活にどうつながっているのか、ということが見えてくるのではないかと思う。

僕は厚労省に入省後すぐに年金局総務課に配属され、しばらく「窓口」という連絡調整のような仕事をしていたが、3年目に初めて法律改正という、大きな政策をつくる仕事に携わった。年金などの社会保障制度は、厚労省が担当している制度の代表格だが、これは、皆さんからお金を集めて、働けなくなった人に給付をしたり、病気、怪我、身体機能の低下などにより医療や介護などのサービスが必要になった人が、負担可能な金額で受けられるようにするものだ。

医療を例にとると、会社などに雇用されている人は給料から健康保険料が天引きされている。その代わり、病気になって診察を受けたり薬をもらったりする時は、実際の料金の3割の負担で受けられる。がんなどの重い病気の時は、月の医療費が100万円を超えるようなこともあるが、こういう時は3割よりもっと少ない負担額で済むようになっている（実際の負担額は年齢や所得によって異なるが、例えば70歳以上で年収が370万円～770万円の人が重い病気や怪我で治療が必要になり、月の医療費が100万円かかった場合は、3割の30万円ではなく、約8万7000円の負担で済むようになっている）。今、元気な人もいつかは医療や介護が必要になるし、それがいつ来るかは分からない。働けなくなった高齢期の生活費も、どれだけ自分が長生きするか分からないので必要額を見通すのも難しい。だから、みんなで負担して、いざ困った時に安心して支援を受けられるこういう仕組みが必要なのだ。こうした社会保障制度も、誰がいくら保険料を負担するのか、病院の窓口での自己負担はいくらか、どのようなサービスを受ける権利があるのか、全て法律で決められている。

だから、厚労省の事務系のキャリア（幹部候補生の「キャリア」の中には、法律・経済・行政といった事務系の試験区分の試験に合格して入省した僕のような「事務官」と、医師免許を持つ医系技官や薬剤師免許を持つ薬系技官などのような理系の「技官」がいる）がやる一番大きな仕事は法律改正だ。僕の場合は、２００４年の年金制度改革の法改正チームに加わったのが、最初に経験した法律改正だ。マクロ経済スライドという言葉を聞いたことがあるだろうか。少子高齢化が進む中で年金を持続可能にしていくための仕組みだ。簡単に言うと、保険料を13年かけて段階的に引き上げる計画を法律に盛り込み、最終的には18・３％（事業主である企業と労働者が半分ずつ納める）で固定し、これまでいただいた保険料で積み上がっている積立金も活用しながら、その財源の範囲内で高齢者に給付を続けていくという仕組みだ。高齢者が受け取る年金給付額そのものは基本的には減らないが、これまで現役世代の賃金の伸びに合わせて増やしてきた年金給付額の「伸び」を抑えることにより、実質的な年金額を抑えていくというものだ。

年金は一番安心できる制度

「少子高齢化のせいで今の若い人は将来年金がもらえない」と言う人がよくいるが、年金制度を理解している人は少ないと感じる。実は、あらゆる制度の中で将来の少子高齢化の見通しを先取りしたうえで財政的な裏付けも含めて設計しているのは年金制度だけだから、むしろ他の制度よりはるかに安心なのだ。少子高齢化の影響で危ないのは、将来の給付と負担のバランスや、サービスをどう維持していくかが決まっていない医療や介護の方だ。もっと言うと、社会保障以外のほとんど全ての政策がそうだ。老朽化するインフラの修繕なども、誰がどう負担していくのか大きな課題だ。

少子高齢化が進むことを見越して、将来の負担増も給付の抑制も04年の法改正で決めてしまったのだから、国民にすごく大きな影響のある制度改正だった。大きな制度改正をする時は、国民にとってマイナスの内容もあればプラスの内容も盛り込む場合が多い。しかし、この時の年金改革の内容は、端的に言うと負担を増やして給付を減らすわけだから、将来のためには必要なのだが、短期的には誰も喜ばない法改正だ。

制度の内容を考え、法律の条文を書いて、国会議員はじめステイクホルダーに説明して回るという仕事を僕も末端でしていたが、この時の国会審議は自分の官僚としての原体験のようなものだ。

04年2月、バレンタインデー前後から予算委員会で毎日年金のことが取り上げられた。3月に、議論は厚生労働委員会の年金改革関連法案の法案審議へと移っていった。徹夜で国会答弁を作って午前中自分の席で少し仮眠し、夕方からまた翌日の国会答弁を作るという日々が続いた。予算委員会や衆議院の法案審議では、年金制度そのものの内容が国会で取り上げられることはほとんどなかった。毎日、国会で取り上げられていたのは二つのことがらだった。一つは、大臣などが若い頃に国民年金を納めていなかったという、国民年金の未納問題だ。もう一つは、国民が納めた年金保険料を年金給付以外のことに使ってしまった「過去の無駄遣い問題」の責任をとれ、というものだ。

「未納三兄弟」と「グリーンピア」

国民年金の未納問題は当時大きな話題となったので、30代以上の方は覚えておられる方もいるかもしれない。事の発端は、国民年金のポスターに出ていた女優に国民年金の未納の時期があることが分かり、今でいう炎上状態になったことだった。その後、複数の閣僚に未納の時期があったことが発覚し、当時の野党第一党だった民主党代表の菅直人衆議院議員が「未納三兄弟」といって厳しく追及していた（当時の流行歌「だんご3兄弟」をもじったもの）。そうこうしているうちに、菅氏自身の国民年金未納が発覚し、民主党代表を辞任した（注・のちに行政上のミスがあったことが判明）。

新聞やテレビも、毎日政治家の国民年金未納問題を報じていたのだが、ついには「NEWS23」のメインキャスターだった筑紫哲也さんにも未納問題が発覚し、番組の冒頭に謝罪するなど大きな騒ぎになった。その後、民主党の代表となった岡田克也衆議院議員が、小泉純一郎首相に対し、小泉さんが議員になる前の会社員時代に、勤務実態がないのに厚生年金に加入していた問題を追及した。これに対して、小泉純一郎首相は「人生いろいろ、会社もいろいろ、社員もいろいろ」と国会で答弁した。

もう一つの「過去の無駄遣い問題」は、年金保険料を住宅融資や、病院・福祉施設建設のための融資に活用したり、社会保険病院建設やグリーンピアなどの保養施設の建設、旧社会保険庁の事務費に充ててきたことに対するものだ。現在は年金の保険料は年金給付のみに使うことになっているが、年金制度ができた当時は働いている人みんなが保険料を納める一方で、恩恵を受ける高齢者が少なかったことから、保険料を負担している現役世代に還元しようという考え方があったのだ。

中でもグリーンピアは１９８０年から１９８８年にかけて余暇の充実を目指して全国13カ所に建設された巨大な保養施設であり、建設後に資産価値も減少しており「過去の無駄遣い問題」の象徴的な存在だった。２００４年の年金改革関連法案にはグリーンピアの廃止も盛り込まれていた。日本の年金制度は、戦時下の１９４２年に厚生年金制度の前身となる労働者年金としてスタートしたのだが、労働者年金制度を作った戦前の厚生官僚の回顧録に、積立金は現金で持っていても貨幣価値が目減りするのでどんどん使ってしまえ、厚生省のＯＢの天下り先も確保できる、というふざけた発言が掲載されていることがメディアでも取り上げられ、大きな批判を受けた。

国会での審議はずっと、この「国民年金未納問題」と「過去の無駄遣い問題」ばかりだった。僕は、毎晩徹夜して過去の無駄遣い問題について、当時はニーズがあったんだ、国会でも現役世代の福祉のために保険料をもっと使えという決議があったんだ、役割を終えたので廃止するんだ、という趣旨の答弁を書いていた。国会の議論がそんな感じだから、マスコミの報道も「国民年金未納問題」と「過去の無駄遣い問題」がほとんどであり、特に「国民年金未納問題」は大きく取り上げられていた。やはり年金制度の中身の話は少なかった。

初めて国会審議の対応をしていた僕は「大事な年金制度の中身を、なんで誰も議論しないんだろう」と思っていた。それでも、法案は強行採決の末に成立した。当時の僕が感じていたのは、「僕らが作っている商品（法律）は誰も関心を持たないけど、きっとこの法律は日本の将来の多くの人のために必要なものだ。ほとんど睡眠時間がとれず、休日出勤も多く、体力的には大変な数カ月だったが、よかった」ということだった。自分のやっている仕事が、法律という一つの形になった初めての経験だった。一番下っ端で先輩たちに必死についていっただけだったが、「俺、ここでやっていけるかもしれない」と初めて思った。

法律の先に何があるのか

年金改革の後、係長になって仕事をこなせるようになってからは、仕事の意味をよく考えるようになった。一番の大きな悩みは、自分がやっている仕事が社会のために良いのか悪いのか、よく分からなかったことだ。言い方を変えると、分からないままでも、厚労省が立案する法改正を仕上げるなど役割は果たせるようになり、組織には貢献できるようになっていた。ただ、学生時代に全く優等生ではなかった僕は、上の人からほめられることに興味がなかったし、同期との競争みたいなものにも全く関心がなかった。とにかく自分が納得できないことがすごくいやだった。

自分の仕事のその先を見たかった。自分が書いている法律の条文がどうやって現場の人の仕事を変えているのか。そうして現場の人の仕事が変わると、最終的なゴールである人の生活や企業の活動などがどう変わっていくのか、そういうことを知りたかった。そうした自分の欲求を、組織が満たしてくれることはほとんどなかった。90年代後半の接待汚職を受けて国家公務員倫理法ができた後の入省だったから、役所には民間と付き合う雰囲気は全くなく、現場を見る機会を組織から与えられたことはほとんどなかった。

そもそも、僕は中学校から大学までエスカレーター式の私立に行ったものだから、極端に同質性の高い環境で育ってしまった。一言でいうと恵まれた家庭の子しかいなかったし、大学に進学しない人を知らないし、受験勉強をしている人も見たことがなかった。他大学の人も部活（相撲部）の関係の人以外は知らなかった。厚労省のお客さんというのは、失業した人、貧困の人、病気の人、介護が必要な人や障害者の人など、あげるときりがないが、とにかく「困っている人」が多い。にもかかわらず、そういう人たちのことが全然分からない。そういうコンプレックスをずっと抱えていた。

霞が関の外で国の未来を考える

ある時、学生時代の同級生から「立川（東京都立川市）にNPOをやっている面白い友人がいるので一緒に見に行かないか。ニートや引きこもりの若者の就労支援をしているので、厚労省の仕事にも近いのではないか」と誘われた。当時、僕はNPOの存在は知っていたけれど、それほど詳しくはなかった。2000年代後半くらいの社会起業家という言葉が認知され始めたくらいの時期だったと思う。若者の就労支援というのは、確かに厚労省の仕事だし、当時政府は再チャレンジ支援を目玉政策に掲げていた。若者支援も柱の一つだ。どうやら、いつも仕事の書類の中で見ているようなことが、実際に見られるのかもしれない。単純に、楽しそうだなと思った。

その学生時代の同級生と一緒に、日曜日に「『育て上げ』ネット」というNPOを訪問して、理事長の工藤啓さんに初めて会った。理事長と言っても僕と同世代の若者だ。ニート・引きこもりなどで就労困難な若者の実情やどんな支援が必要なのか、NPOがやっている事業や行政との協働など、色んなことを教えてもらった。そのどれもが、とても勉強になった。

しかし、僕の官僚人生により強い衝撃を与えたのは、工藤さんが話す若者支援の内容よりも彼の存在そのものだった。彼は、自分の団体のことだけでなく、日本の若者支援をどうしたらよいかということを一生懸命語っていた。それは、霞が関で政策の議論をしているのと同じ目線だった。「そうか、NPOという世界にこんなに日本のことを考えている同世代の人たちがいるのか」と目からうろこが落ちた。

僕は、あの時に自分が二つのことを強く感じたのを、今でもはっきりと覚えている。一つは、「自分たちがつくっている政策は誰にも理解されないし、自分たちの思いも誰も分かってくれないいけど、社会や将来のために必要な仕事だから頑張ろうと思っていた。でも、そんなふうに官僚だけが背負い込まなくてもいいんだな」と感じてすごく気が楽になったということだ。もう一つは、「工藤さんみたいな人が、きっと日本のあちこちにいるのだろうから、こういう人たちと一緒にやっていったら日本はもっとよくなる」という希望だった。

年金制度改革の時に「自分たちが作っている商品の中身（制度の内容）に誰も目を向けてくれない」という思いがあった。そして、公務員バッシングの中で「官僚＝悪いことをしている人」と思う人も実際に結構いて、居酒屋で先輩たちと飲んでいる時に職業がばれると隣のサラリーマンに「お前らのせいで日本は悪くなった」とからまれたり、学生時代の同級生やその家族からもいやな目で見られることも珍しくなかった。そういう経験をしてきた僕は、「誰にも理解されなくても、社会に必要なことだから頑張らないといけない」というような内向きな気持ちになっていた。その感覚が変わった瞬間だ。

この工藤さんと会ってから、平日の夜や休日に色んなＮＰＯなどの現場に遊びに行くのが日課になっていった。工藤さんはＮＰＯ業界の若手リーダーのような人だったので、若者支援に限らず色んな分野の団体の人を紹介してくれたし、出かけていけば行くほど仲間が増えていった。それが僕の30代だ。

法律改正の残念な結末

年金制度改革から数年経ったある日のこと、既に別の部署で仕事をしていたのだが、たまたま厚労省が発表した国民年金の納付率の資料を見た。納付率は下がっていた。あの制度改正は、少子高齢化が進んだ将来も、それなりに使い出のある年金を受け取ることができるようにするためのものだった。僕らは、そう思って必死で制度を改正したのだが、世の中の人はそんな風に思っていない。「これで、将来も年金をもらえるから安心して保険料を納めよう」なんて思っていないということだ。僕の官僚人生の大きな転機となった衝撃的な出来事だった。

法律改正というのは簡単な仕事ではないけれど、それは霞が関、永田町、関係団体の人、メディアなど、とにかく政策に仕事としてかかわっている人の間で合意をとればできないことではない。本当に難しいのは、この法律改正の中身を一般の方に理解してもらって、「いいね！」と思ってもらうことだ。そっちの方がはるかに難しい。そして、一般の方に理解してもらって、いいねと思ってもらわなければ、その法律はあまり守られないのだ。思えば、当たり前のことだ。学校のクラスで何かルールを作ったとしても、先生が勝手に決めたルールだったら、先生がいる時間帯は怒られたくないからルールを守るかもしれないけど、先生がいない時間は誰も守らないだろう。それと同じようなことが国の政治・政策でも起こっているのだ。

法律の立案は、僕らの大切な仕事だけれども、それは目的ではない。法律、予算、税制などの政策はどれも手段でしかない。本当の目的は、人の行動を変えることだ。人の行動が変わるから、社会課題は解決する。法律は人の行動を変えるための強い手段で、国会や政府しか直接取り組むことができないものだ。いくら法律を変えても、中身が理解も納得もされず、人の行動が変わらないなら社会はよくならないではないか。

制度の内容を国民がちゃんと理解できるようにしたい。そして国民の多くの人が「いいね！」と思う、そういう法律や政策を作りたい。そういう強い思いが湧いてきた。

役所の広報が弱い理由

それからというもの、「どうやったら、自分たちがつくっている政策が一般の方にも理解できるようになるのだろう」と、日々の仕事をしながら考え始めた。そうした頃に、厚労省の広報室が主催した省内の研修会に、大手自動車メーカーの広報部長の方が来てくださったことがあった。

何を話してくれたのかは、あまり覚えていないのだけれど、強く印象に残っているのは、その広報部長の方のキャリアのほとんどが広報の仕事だったことだ。若い頃から、何度も広報を担当している広報のプロだった。厚労省のキャリア官僚のキャリアパスの中で、広報の仕事を専門でするのは40歳過ぎで広報室長になった時だけだった。しかも、広報室長の仕事というのは、いわゆる広報というよりも記者クラブに所属している大手メディアの厚労省担当の記者たちとの連絡調整が主な仕事だ。

実際の広報の仕事は誰がやっているかというと、各部局がやっている。商品開発を担当している官僚が、営業用の説明資料もPR用の資料も作っているのだ。そして、この資料がまた読み解くのがとても難しい。受験エリートの先輩たちと話していても、学生時代全く勉強していなかった僕には難しくてよく分からないなと思うことがよくあった。さらに、供給者側の論理に立った説明をすることも多いので、国会議員とでさえ話が噛み合わないこともある。

一方で、仲間のNPOの代表たちは、分かりやすいHPを作って自分たちが取り組んでいる社会課題の重要性を説明したり、事業内容やその成果を発信していた。また、代表自身がブログなどで自らの活動や考えを発信していた。

「なんで、NPOも厚労省もミッションはほとんど同じなのに、役所の広報は分かりにくいんだろう」。そういうことを考えてたどり着いた結論は、「役所は徴税権に甘えている」ということだ。NPOの代表たちは、社会課題や取組みを分かりやすく伝えることで初めて利用者を増やしたり、寄付を集めたりできる。だから、大事なことをやっていますとか、よい事業をやっていますとか、そういうことを多くの人に伝えていくことは

「本業」だ。これはＮＰＯでなくても事業収入（売上げ）を伸ばそうとする民間企業はみなそうだろう。

ところが、役所は自分たちのことや商品（政策）のことを一生懸命説明して、広く一般の方に知ってもらわなくても収入が得られる。半分以上の国会議員に賛成してもらって、ひとたび法律を作ってしまえば、自動的に税金や保険料という形で事業のための資金が入る。役所にあって民間にない徴税権だ。最終的なお客さんでありお金を出してくれる人、つまり国民に分かりやすく伝えなくても、収入が得られて事業を続けることができるのだ。だから、国民に分かりやすく説明するということは、片手間の仕事のように位置づけられていたのだ。

役所がなかなか力を入れられないなら、どうしたらよいか。じゃあ、自分でやってみようと思った。手軽に始められるブログを開設して、政策や官僚のことについて分かりやすく伝えるという試みを実名・肩書き付きで始めた。そんなことをやっている人はほぼ皆無だったので少し躊躇したが、「まあ、厚労省は忙しいし、自分も戦力にはなっているだろうから、多少変なことをしても使い続けてもらえるだろう」と割り切った。

自分では大して価値のない当たり前のことが意外と反応がよかったりもしたし、逆によかれと思って書いたことでコメント欄が炎上したこともある。世の中には色んな人がいて、官僚や厚労省をどう思っているのかということもダイレクトに伝わってくる。同じことを書いても、官僚の僕が書いたら一般の方が怒ることもある。そうした経験がすべて自分の血肉になり、何か文章を書く時には「読んだ人がどう感じるだろうか」ということを常に意識するようになったし、色々な受け止め方をされるということも学んでいった。こうして課外活動で学んだことが、自分が本業で役所の発表する文章を作ったり、同僚たちが作った文章を直す時に活かされていった。

児童虐待が教えてくれたこと

係長から課長補佐に昇進する間際のある日、人事課から電話があった。異動希望を聞かれたので、「これまで現場から遠い仕事ばかりしてきたので、現場のある仕事をしてみたい。特に、福祉をやってみたい」と答えた。「そうか。児童虐待とかどうだ?」「いいですね」といって電話を切った。

若手課長補佐という政策づくりの中心の立場で児童虐待を担当できたことは、今振り返ってもすごくありがたかった。担当していた3年間で、児童虐待だけでなく、子ども分野で三度も法律改正を担当させてもらったし、とにかく人が生まれて成長して大人になっていく上で何が必要なのか、という根源的な問いを常に突きつけられているような3年間だった。

児童虐待防止対策には大きく分けると、①発生予防（子育ての孤立を防ぐ）、②早期発見・保護（虐待が深刻化する前に早めに支援や保護をする）、③自立支援（保護した後の子どもの養育環境を整えて自立できるようにする）、という三つのフェーズがある。僕が担当していた10年前は、特に②の行政が子どもを保護する権限や体制の強化や、①の子育て支援の充実に取り組んでいたが、③も仲間のＮＰＯがやっている分野だったし、児童相談所や施設の現場の人たちの話を聞いてとても気になっていた。虐待を受けて親と暮らすのが難しい子どもたちは、児童養護施設や里親家庭で育つのだが、身体的虐待を受けた子どもの中には、ちょっと荒っぽいけどガッツがあり、頑張って自立する子もいるけど、一方で、特にネグレクト（養育放棄）を受けた子はなかなか頑張ること自体が難しいケースが多いという。自己肯定感も育たないし、人との距離感の取り方も極端に距離をとってしまったり、逆に依存的になったりして難しいと。

僕自身も、人生の中でピンチは色々とあった。高校が家から遠かったので一人暮らしを始めたらひどいアトピーになり、毎日眠れなかったり苦しくて発狂しそうな時期もあった。就職してからも、体力的にも精神的にも仕事がきつくて倒れそうな時が何度もあったし、一度目の結婚は悲しいことが色々とあったあげく1年ちょっとで終わった。母親の介護と父親の生死をさまよう急病が重なったこともあった。

でも、なんだかんだいっても、大好きな仕事を続けているし、基本的には元気で仲間がたくさんいて幸せだ。僕は、なんでつらいことがあっても頑張れているんだろう、そういうことを考え始めた。やっぱり、振り返ると幼少期の親の愛情に行きつく。幼稚園の頃からかぎっ子で、夕方まで一人で留守番しているか友達の家に遊びに行っていたし、中学は片道2時間半かけて通学していた。高校からは一人暮らしだったので家族で過ごした時間はすごく少ない。ただ、物心ついた頃から「あなたは何でもできる」「あなたの頭は日本一に作ってあるからやればできる」といつも言ってくれていたし、きつい時も惜しみないサポートがあったと思う。

要は、自分が価値のある人間だとか、頑張ればなんでも乗り越えられるという暗示をかけられ続けていたようなものだ。それが、自分を包み隠さず自然体で開示できて、仲間を増やせることにつながっているのだろうし、ピンチが訪れても「なんとかなる」と思えるし、少々高い壁でも乗り越えられそうな気がする。大人になっても、親からもらったそういう財産が自分を作っていると強く思う。

ベーシック・タイズ

児童虐待を受けた子たちは、人生の最初の段階で無条件に自分を受け入れてくれる存在が得られなかった子たちだ。自分が大切な存在なのだということを産んでくれた親から教えてもらえなかったのだから、なかなか自己肯定感をもちにくい。なにかあった時に「自分なら頑張って乗り越えられる」と思うのも難しい。人との付き合いの中でも「嫌われたらどうしよう」「どうせ私なんて……」と思ってしまうケースも多い。そういう心の傷は、簡単には治らないし特効薬があるわけではない。長い時間をかけて、色んな人が寄り添い、時間をともにして、伴走していくことで少しずつ癒されていくしかない。

人からもらえる自己肯定感や頑張れる力が得られないということは、多くの社会課題につながっている。いじめ、不登校、引きこもり、貧困、家出、孤立、依存症、人身取引、自殺、非行、犯罪など、僕の仲間の地方自治体の現場やＮＰＯの人たちが日々支援している様々な困難を抱える人にも共通している。お金があれば、それで解決する問題でもない。一見人生の成功者に見えるような人たちでも、家庭問題、薬物、自殺など苦しんでいる人はたくさんいる。

僕が厚労省を選んだのは、人が生きていく上で誰もが必要なものが、すべての人に保障される社会を作り続けたいからだ。命があって、安全で健康で、生活を続けていくためのいくらかの収入がある、仕事がある、そういうことは誰にとっても必要だ。そういう生活の基盤があって、みんなそれぞれの幸せを追求していける。だから、時代が変わってもそこからあぶれる人がいない社会を作り続けたいという思いだ。児童虐待対策を担当したことで、「ああ、俺は厚労省に入る前に気づいていなかったな。人のつながりというものも、みんなに必要なんだ」と思うに至った。

僕は、時々話題になるベーシック・インカムを今の日本に導入することには懐疑的なのだけど、ベーシック・タイズ（タイズは ties という「つながり」を意味する英語）が保障される社会を作っていきたい。それ以来ずっとそう思っている。

さて、ＮＰＯなどの現場を訪問するということをライフワークのように続けていた若手課長補佐時代のこと。橘ジュンさんが代表をしているＮＰＯ法人「bond Project」という団体とつながった。生きづらさを抱える10代、20代の若い女性の支援をしている団体だ。当時、まだあまり知られていない社会課題だったが、家庭に居場所がなくて、渋谷のセンター街や新宿の歌舞伎町など夜の街に出てきて援助交際をしたり、行き場がなくて男性の家に泊まって性被害や暴力を受けたり、自傷行為に走ったり、夜の悪い道に引きずり込まれたり、そういう行き場がなくてつらい状態の若い女性たちの相談に乗っている。彼女たちと一緒に福祉の相談窓口に行ったり、弁護士と話したり、彼女たちを保護したりしている。

ある日、仕事を終えた後に「bond Project」の事務所を訪問した。知りたいことがあれば、自分から出向いていくに限る。その団体がどんな場所でどんな雰囲気で活動しているかも分かる。霞が関にいて、民間企業やＮＰＯなどの話を聞きたいと思うと、霞が関に来てもらうことがほとんどなのだけど、本当に知りたかったら相手のところに行った方が絶対にいい。

「bond Project」が支援している若い女性たちのことや、団体の活動などを色々と聞いた。子どもの頃から家庭が安心できる場所でないケースがほとんどだ。ネグレクトや親から性的虐待を受けているケースもあって、とてもじゃないけど安心して暮らせないような家庭状況だ。これって、僕が担当していた児童虐待の「その後」ではないか。そう感じた。

代表のジュンさんがあるケースの話をし始めた。10代の未成年の女性が親の虐待から逃げて生活したいのだけれど、親がそれを阻むので、弁護士さんが親権停止の申し立てを家庭裁判所にして、親と離れて安心できる環境で生活できるようにしたそうだ。

僕は驚いた。それは、僕が法律改正を担当した「親権の一時停止制度」のことだったからだ。

「え？　それ、僕が担当していた法律改正ですよ」と話した。ジュンさんたちも驚いたようで、急に「え！　そうなの？」と興奮して冷蔵庫からケーキを出してくれた。「ちょっと、これ食べて！」と。どうやら仲間だと思ってくれたようだ。あとで聞いた話だが、ジュンさんたちは当時官僚や政治家と接点がなくて、自分たちの活動と政策の関係はよく知らなかったそうだ。それ以来、官僚や政治家の人たちに、つらい思いをしている女の子たちがいるということを、ちゃんと伝えた方がよいと思い始めたそうだ。

自分が改正を担当した法律を使って困っている人が救われた、ということをダイレクトに聞いた初めての経験だった。若い頃から、自分が霞が関でやっている仕事がどのように社会に影響を与えているのか分からないという悩みを抱えていて、そのことがプライベートでNPOなどの現場を見に行くという行動につながっていたのだが、やっとそれがハッキリと見えた瞬間だった。

現場が官僚を育てる

現場訪問を繰り返すうちに、このような経験が積み重なっていった。時には、直接政策の対象者の人と会えることもある。虐待を受けた子どもや非行の少年少女、ニート・引きこもりの若者、居場所のない子どもや若者、ホームレスの人、LGBTで悩んでいる人、外国人労働者、生活保護受給者、精神疾患の人などなど。簡単には会えないのだけど、何度も足を運んでいると現場の支援者の人が信頼してくれるようで、やっと最終的なお客さんに会える。政策を作る霞が関と現場であるお客さんの距離は、そのくらい遠い。もっとこの距離を縮めないと、よい政策はつくれない。

政策をつくる人間にとって、現場から学ぶことはかけがえのない価値がある。自分だけではもったいないので、ある時からＮＰＯ訪問や企業関係者との意見交換には、なるべく後輩たちを連れて行くようにした。民間の仲間の人たちに厚労省に来てもらって、後輩たちを集めて平日夜の勉強会などもやり始めた。現場や企業関係者とざっくばらんにお話ししたいという後輩たちはたくさんいるのだけど、平日の夜は急な国会対応が発生して、予定していた職員が参加できないようなことも頻繁にあったのが悩みだった。

官僚にはもっと時間に余裕のある働き方をしてもらって、現場や民間企業などに出向く機会を増やしてほしいし、一般の方には政策のことを少しでも理解してもらって声を届けてほしいと思う。僕が取り組んでいる霞が関の働き方改革の活動も、政策の中身やつくり方を分かりやすく伝えようとする活動も、本当に社会がよくなるための政策をつくりたいからやっているものだ。そのために民間団体、企業活動、人の生活と政策をもっと近づけたい。

山中教授のノーベル賞受賞

厚労省では、課長補佐時代の後半には県庁に出向するか大使館などの海外勤務を経験して、帰国後に各部局の司令塔役の総括補佐を経験してから、管理職に昇進するというのが、総合職の一般的なキャリアパスだ。僕は13年の夏から海外の大使館で勤務することが1年くらい前から決まっていて、12年の秋から年末にかけて外務省の研修所で、外交官になるための研修を受けていた。年末には研修所から厚労省に戻り、半年あまりの勤務の後で海外赴任するというスケジュールだ。研修中は、厚労省のどの部署に戻り、どんな仕事をするのか決まっていなかった。

研修も終盤にさしかかった12月中旬、人事課から携帯に電話がかかってきた。「医政局に行って再生医療の法案を作ってくれ」。12年10月に京都大学の山中伸弥教授がiPS細胞開発の功績が認められて、ノーベル賞を受賞することが決まった少し後のことだ。

この当時の日本は、東日本大震災のしばらく後のまだまだ大変な時期だったが、日本の科学技術が世界に認められた明るいニュースだった。山中伸弥教授はその実直な人柄もあり、一躍時の人になった。国は、世界に冠たる日本の再生医療の研究を進めて、いち早く実用化し、患者に新しい治療を届けるとともに、新しい産業としても他の先進国より優位に立ち経済を活性化しようという方針を決めた。そのためには、研究費を支援するだけでなく、適切なルールがないので新しい技術に合ったルールが必要だった。

医薬品や医療機器など、病気や怪我の診断や治療に使うものは、副作用があったり人の体を傷つけることがあるし、誤作動があれば命に関わる危険もある。このため、製薬企業や医療機器メーカーが自由に製品を販売できるわけではない。安全性と有効性を証明するデータを集めて、専門の審査機関のチェックを受けて、問題ないということが分かって初めて厚生労働大臣が販売の承認をする。どの国でも、そういうルールの中で医薬品や医療機器の研究開発や実用化を行っている。そういう厳しいチェックをしないと、効きもしない薬が販売されるかもしれないし、重大な副作用が起こる危険性があり、患者が重大な不利益を被るからだ。

当時は、医薬品と医療機器のルールはあったが、iPS細胞のような新しい技術を使った再生医療のためのルールがなかった。だから、既存の医薬品か医療機器のルールに当てはめなくてはならなかった。

生きた細胞を培養加工して治療に使うものを作るというのは、個人差が大きく、化学品の医薬品のように同じ材料で同じ作り方をしたら、必ず同じものができ上がるというわけではない。医薬品の基準に当てはめて同様の安定性を求めようとすると、膨大なデータを取得しなければならなくなる。皮膚シートも培養軟骨も、申請から承認まで3年もの歳月を要した。このまま、再生医療に適したルールがない状態を放置すれば、基礎研究で世界に誇る技術を持っている日本が、実用化の段階で世界に遅れをとることは目に見えていた。だから、医薬品や医療機器とは別の、再生医療専用のルールを作る必要があった。

最後の法律改正に挑む

通常は夏の段階で各省庁は翌年の通常国会で提出する法案を決めていて、夏のキャリアの人事異動のタイミングで、法案を予定している部署に質・量ともに十分な人材を配置するのが通例だが、近年では夏の人事異動以降に急に法改正をすると決まることが増えたと前述した。この再生医療の法案はまさにそのパターンだった。12年の夏の段階では、検討を進めることにはなっていたが、13年の通常国会に提出する予定ではなかったので、12年夏の人事異動では担当課に十分な人材が配置されていなかった。山中伸弥教授のノーベル賞受賞をきっかけに急に「すぐやれ！」と法案を提出することが決まったので、慌てて担当課に他の課から後輩が何人か集められて徐々に検討を進めていたところ、僕が外務省の研修所から戻って、法案チームのリーダーをやることになった。

その時の僕が感じていたのは、こんなことだった。海外勤務を3年経験して厚労省に戻ってくると、司令塔役の総括補佐をやって管理職になるだろうから、法律改正の立案という、自分が一番得意な仕事を直接担当するのはこれが最後になるだろう。これまで、どの法律改正も思い出深いものだったし、厚労省にはその技術をかなり学ばせてもらった。今回は急に決まった法律改正でスケジュールも短く、体制も寄せ集めで、かなり厳しいプロジェクトになるけれど、自分の技術を最大限使って法案をまとめよう。プロとしての仕事をしよう。そんな思いを抱えながら、外務省の研修所から厚労省に戻り、医政局研究開発振興課に配属された。余談だが、映画『シン・ゴジラ』に出てくる厚労省の官僚の森さんという人は研究開発振興課長という役職だった。あれは実在するポストだ。

着任して数日、課内の動きを見ていて、すぐに危機感を持った。法案提出までの期限が短く、作ろうとする制度も大きなものだったから決めないといけない論点も多く、当時自分が経験した6本の中で、どの法律改正よりきついスケジュールだった。にもかかわらず、課内がリーダー不在で、みんなが自由に意見を言い合うばかりで、全くものが決まっていかない状態になっていた。

課長も室長もとても優秀で人格的にも素晴らしい方だったとはいえ、医系技官という医師免許を持つ職員で法律改正のプロではない。その他にも、医師、薬剤師、看護師などの専門家の職員たち（技官という）や一般職の職員がたくさんいたが、彼らも技術や行政実務は詳しいけれど法律の立案には詳しくない。法律の立案がメインの役割である自分と同じ事務系総合職の後輩たちはモチベーションも高く優秀だったが、当時はまだあまり法律改正の経験がなかった。法案の作り方を熟知しているのは自分だけだった。

課長に相談した上でプロジェクトの進め方を整えた。法案ができ上がるまでのプロセスと工程表を作って、論点ごとに責任を持って案を作る担当を決め、自分よりはるかに経験豊かな局長以下幹部との法案検討のための打合せの日程を週2回、毎週おさえてもらった。そうやって、タスクの洗い出しと役割分担、工程管理を進めていくうちに、専門家たちの知見が徐々に法制度という形にまとまっていった。

母親のがん

プロジェクトが軌道に乗りつつあった頃、プライベートで大変な出来事があった。半年あまり前に母に進行したがんが見つかり、抗がん剤治療を続けていたところ、腫瘍マーカーの数値も下がってきたので開腹手術を行った。しかし、腹腔内のあちこちにがん開したが、副作用に体の方が耐えきれなくなりドクターストップがかかった。

医師の判断は、緩和ケアへの移行だった。自分としては、親は先に死ぬものだという覚悟はできていたけど、母自身は治療法がないということがイヤだった。まだ、生きたかったし、治ったらまた好きなテニスをやりたいという希望も持っていた。僕は、法案作りで朝から深夜まで働く一方で、セカンドオピニオンをとれないか、何か新しい治療法はないかということを調べ始めた。

法案の検討を進める中で、世の中から様々な意見も届き始める。医療技術や研究に法規制を加えるというのは、ほとんど例のないことだった。また、確立していない治療方法でも治る可能性が少しでもあるならトライしてみたいという患者が、治療にアクセスがしにくくなるのではないかと懸念を言う人たちもいた。

この新しい法案は、再生医療の臨床研究（基礎研究や動物実験の段階が終わって実際に人に試すという段階の研究）の安全性を確保しながら、専用のルールや基準を予め作ることによってスピードを上げるというものだ。安全性を重視しすぎれば、基準や手続が煩雑になり、スピードや患者のアクセスが犠牲にされかねない。一見相反する二つの価値を、どう両立するかというのが法案のポイントだった。仕事の時間にそういうことをずっと考えながら、仕事が終わると患者（母）の家族として新しい治療方法を探す、そんな時間を過ごしていた。

いい法律を作れば研究が進む

日々、色んな思いがこみ上げてきた。自分のほかにも同じような思いをしている人がこの国にはたくさんいるだろう。いい法律を作ることによって研究が進めば、今は治らない病気で苦しんでいる人が治るかもしれない。厚労省の仕事は生活に密着しているので、自分の仕事の意味を生活の当事者として感じることも多いけれど、さすがに法案を作っている最中に当事者のような経験をするのは何かの運命なんじゃないか。そんな思いでいっぱいになった。このプロジェクトを任されてチームに入った時は「プロとしての仕事をしよう」、そういう気持ちだったが、「どうしても、俺がインドに行く前にこの法案をまとめなくてはならない」という気持ちに変わっていった。

自分の官僚人生の中でも、この時が一番働いたように思う。朝から深夜まで全速力で仕事をして、終電で家に帰ってご飯を食べて、3時か4時くらいまで家で資料を作ったり、部下たちが作った資料を直す。そんな日々を過ごしていた。他のチームメンバーたちも同じようなもので、家の遠い部下は寝袋を持ってきて、毎日会議室で明け方から仮眠をとるのが日課になっていた。最後の方は自分も体力の限界だったし、部下たちも何度かギブアップしかけたが、なんとか法案はまとまり国会に提出することができた。一番充実感に包まれる瞬間だ。妻には、閣議決定して法案を提出した日から家の中の空気が変わったと言われた。家で過ごす深夜・休日も必死に法案のことを考えている姿しか見せていなかったので、妻にも緊張感が伝わっていたようだ。プライベートモードの自分を久しぶりに見たのだと思う。

通常国会に無事に法案を提出することができ、その通常国会では審議の時間がなかったが、自分が海外に赴任した後の秋の臨時国会で審議・可決され成立した。何年か経って、研究者の方から「あの法律のおかげで研究がしやすくなった」と聞いたり、新しい再生医療の製品が販売されるという情報に触れるたびに、今でも嬉しい気持ちになる。

インドに行ってこい

さて、少し時間をさかのぼるが、再生医療の法案を担当する半年くらい前、大臣政務官秘書官をやっていた頃のある日、人事課から呼び出された。「実名・肩書き付きのブログとかやっているから、とうとう怒られるのかな」と思いながら、人事課の幹部を訪れると思わぬことを言われた。「来年インドの大使館に行ってほしい」。自分が海外勤務をすると思っていなかったので驚いた。医薬品や医療機器などヘルスケア関係の日系企業がインドなど新興国進出に力を入れており、ロンドンの大使館に二つあった厚労省のポストを一つ減らしてインドの大使館に新しいポストを作ったので、サポートをしてこいということだった。

「インドの大使館には厚労省の職員がこれまでいなかったので、医療の相手国との協力も積極的にやっていないし、そもそも大使館がインドの医療分野のネットワークを持っていないはずだ。これから、相手国の保健省や医療関係者などと人間関係を一から作らないといけない。そういうところから開拓できる、君みたいな人に行ってほしい」ということを言われた。僕が、NPOや企業の人たちと厚労省の人たちをつなぐような活動をしていることは人事課も知っていただろうから、それは率直に嬉しかった。

2013年7月にインドに赴任した。当時は、インドは途上国で貧困の人も多く、様々な課題を抱えているというイメージが強かった。NGOなどがインドに注目する理由はそれだ。インドで活動する日本のNGOもいくつもある。一方、先進国の企業がインドに注目するのは、また別の理由だ。新興国の中でもめざましい成長を遂げており、人口の半分以上が25歳以下（当時）という若い国で、人口ボーナス期（総人口に占める働く人の割合が上昇し、経済成長が促進される時期）がこれから長く続く。近い将来、中国を抜いて世界一の人口を有する国になることが確実な大国だ。エリートはみんな英語を話すし、ITや金融分野などに優秀な人材も多い。つまりグローバルで見た時に、インドに巨大な市場ができ、生産や開発の拠点になっていくことが予測されるので、先進国の企業はこぞって進出していくということだ。

ミッションの見えない仕事

大使館というのは、外務省の機関なのだけれど実は外務省以外の省庁の人がたくさんいて、「ミニ霞が関」のような職場だ。僕が所属していた経済班という開発援助、経済協力、日系企業支援などを行うセクションは特にそうだ。

例えば、医療分野なら厚労省から出向者を呼ばないと知見もないし、日本側のネットワークも乏しいので対応が難しい。日系企業支援でも、商社や一般の製造業などは経済産業省から来た書記官が主に担当するし、金融関係なら、金融庁から来た書記官の担当だ。日本食の振興なら農林水産省、IT関係なら総務省、新幹線の売り込みは国土交通省と、それぞれの専門家（「アタッシェ」という）が必要だ。各省から出向してきたアタッシェは、それぞれの分野で相手国との協力を進め、日系企業の活動を後押ししている。全体をまとめるのが、大使をはじめとした外務省から大使館に来ている幹部だ。

僕がインドに赴任する少し前から、日系企業のインド進出が盛んになっており、進出企業も5年で倍のペースで増えていた。だいたい商社や自動車、バイク、電気製品関連などの企業の進出が先行するのだが、当時、様々な分野の企業のインド進出が増えていた。だから、各分野の専門家が必要になる。僕は、ヘルスケア分野の企業の支援の必要性からできたポストに着任したのだけど、同じように金融庁からも新しいアタッシェが来たし、経済産業省、国土交通省、農林水産省もアタッシェの数を増やしていた。僕がいた3年間で経済班の人数は倍になった。

実際に、インドに赴任してみてすぐに気づいたのは、日本の厚労省とインドのカウンターパートである保健省の間に全く交流がなかったことだ。もっというと、現地の大使館も保健省とのコネクションはゼロに等しい状況だった。僕が初めて保健省を訪問した時に、大使館の公用車のベテラン運転手に尋ねたところ、保健省に行ったことはないと言われた。インドに進出している日本の医療関連企業もいくつかあったのだが、日系企業がインドのどこに拠点を持っていて、どのようなビジネスをしているのか、といった情報を業界団体もちゃんと把握していなかった。

正直、僕は戸惑った。漠然とヘルスケア分野の日系企業支援をしろと言われても、具体的に何をしたらよいか分からない。厚労省で働いていた時は、新しい部署に異動した段階で自分のミッションは常に具体的で明確だった。例えば、「再生医療の研究・実用化を安全かつ迅速に進めるために法律案を作る」というように。だから、インドに進出している日系企業があることを知れば、とにかく会って話を聞くことから始めた。文献などで分からないことは、実際に取り組んでいる人の一次情報を聞きに行くしかない。国内の政策をやっている時と同じアプローチだ。インドの保健省や医療関係者にも、直接会う機会を増やしていった。

欧米企業との扱いに差

赴任して半年くらい経った頃、明確なミッションを与えてくれたのは、日本の医療機器業界だった。インドの規制当局は、アメリカや欧州で承認を受けている医療機器をインド国内で販売する際には、それらの国の当局の発行する証明書を提出すれば、インドでの審査は省略されていた。日本の医療機器の審査も欧米と同様に厳しいのだが、そのような取扱いになっていなかった。インド製や中国製と同じ扱いで一からデータを出して審査を受けなければならない。インド市場でビジネスをする日系企業は欧米の企業との競争になるが、そもそも制度上の土俵が同じでないと勝負にならないので、欧米の医療機器と同様の取扱いをしてくれるようにインド保健省に働きかけをしてほしいとのことだった。

保健省の規制担当の局長と話してみると、「日本は技術力があり製品の品質も高いというイメージはある。しかし、日本の厚労省やＰＭＤＡ（医薬品や医療機器の審査を行う機関）の人と話したことがないので、実際にどのような基準でどのような審査をしているのかが分からない」とのことだった。それでは日本の当局との情報交換や交流を始めようと提案すると、それは歓迎するとの回答だった。

その後、日本の厚労省とＰＭＤＡにインドのカウンターパートとの交流開始を何度もお願いした。事前調整や交流開始に向けた厚労省とインド保健省の打合せなどを繰り返した後、15年5月に厚労省とPMDAの一団がデリーにやってきて、最初の情報交換の会議を開催した。インドの規制当局の幹部たちも科学者なので、日本という未知の先進国がどのような規制をしているのか、非常に興味を持って予定時間を超過するほど熱心に質問していた。厚労省やPMDAがデリーに来て詳しく説明してくれたことで、インドの規制当局も日本の規制に対する理解が進んだ。その後、何度も保健省に出向いて、日本の医療機器を欧米と同じ取扱いにしてくれるようにお願いを繰り返した。15年7月に、日本の医療機器も欧米と同様の審査簡素化の取扱いをしてくれることになった。

この時始まった規制当局間の交流はさらに深まり、僕が日本に帰る直前の16年5月に、厚労省とインド保健省が共催で両国の業界関係者を集めたシンポジウムを立ち上げた。それ以来、毎年日印交互で開催されており、20年2月には第4回のシンポジウムが東京で開催されている。

初めての土地で、全く情報がなくて、具体的なミッションが分からないところから始めたインドでの仕事だけれど、一人で情報を収集できるネットワークを作ったり、戦略を練り、それを検証したり動かしていく過程で、インド人・日本人を問わずたくさんの仲間ができた。その結果、極めて短期間で厚労省にも大使館にも、そして何よりも日本のヘルスケア産業にとって大きな成果をあげられたことは、とてもスリリングな経験だった。

霞が関より自由な空気

一般に、霞が関で働いている官僚が大使館など海外勤務になった時は、国会対応もないので、自分のペースで仕事ができる。僕自身も、霞が関時代のように深夜残業や徹夜をするようなことはなかった。ただ、全部一人で考えないといけないのは本当に大変だった。多くの海外駐在員が楽しむような旅行も、ほとんど行っていない。

大使館の職場に夜まで残ることはあまりしなかった。たいがい業務時間が終わると家に帰って夕食を食べて、その後平日の夜や休日は長文の英文レポートなどを読んでインド情報や現地の医療情報などをインプットするとともに、自分が進めようと思っているプロジェクトの戦略を練る時間に充てていた。平日の業務時間は自分が練った戦略に沿って、実際に営業や交渉などに走り回ってプロジェクトを進めていく。休日になると、戦略の修正の必要があるか考える。そんな日々を過ごしていた。

霞が関で働いている時のように、自分が考えたり動いているそばから、偉い人が口を出してきたり、急に説明に来いと言われることはないので、最短距離で走ることができたように思う。もちろん大使館の幹部や同僚たち、日系企業、JICAやJETRO、日本の外務省、厚労省などのサポートも大きかった。そういう環境で3年間、いくつものプロジェクトを進めることができたので、戦略を考える力がすごく身についた。人に頼れない環境だったこの3年間が、官僚としての自分を一番成長させてくれた。

他にも大学や研究機関同士の共同研究プロジェクトの間を取りもったり、日系企業のトラブルシューティングの対応を一緒にしたり、インドからの技能実習生受入れを始めるための協定をインド政府と交渉してまとめたり、第二次世界大戦のインパール作戦で有名なインパールの平和資料館設立にあたって支援をしてくださった日本財団と現地の間を調整したり、忘れられないプロジェクトをたくさん経験させていただいた。

一番の財産は、一生の友だちと言えるインド人と何人も知り合えたことだ。今でも、彼らとは頻繁に連絡をとっているし、向こうが訪日したり、僕が訪印する時は食事をともにしたりしている。これからも、医療や人材確保の分野を中心にインドとの協力を進めて両国の発展に寄与することは、自分の使命だと思っている。

現場を歩いて見つけた政策のタネが芽吹く時

16年7月にインドから厚労省に戻った僕は、古巣の子育てと女性活躍の部署の総括補佐になった。

この年、忘れられない出来事があった。若い頃からNPO訪問を繰り返す中で、10代、20代の生きづらさを抱え、居場所のない若い女性の支援をしている「bond Project」というNPOとつながったことを先に述べた。その他の女性支援団体にもいくつか会っていた。困難を抱える若い女性のことや、支援をしている民間団体の存在を知った頃から、僕自身は霞が関の庁舎に座っていては知ることができないことを教えてもらってありがたいと思っていたけど、一方で、行政が光を当てることができていない女性の支援をしている民間団体が、継続的に活動できるような政策を何とか作れないだろうか、と思っていた。

NPOの事業にも色々なタイプのものがあって、困窮したり頼れる人がいないような人たちの支援をする団体は、相談に来る人から利用料を得ることが難しい。だから、寄附を集めたり、他の収入を充てる必要があるのだ。行政改革の流れの中で、新しい社会課題が出てきたり、新しい類型の困っている人たちが出てきても、そういう人たちを救手な人もいるので、当事者に寄り添って伴走しながら支えていけるのは民間団体の強みでもある。民間団体が継続的に支援を提供できるようにしたいし、第一線の行政機関がバックアップや連携をして対応する仕組みを作りたい。そう思っていた。

こうやって現場を訪問して政策の種を発見したら、なんとか予算事業を作ったり、法律に位置付けられないかと思うのだけれど、予算事業も法律改正も実は常にたくさんの政策課題の競争の中ででき上がる。政策に使えるお金（税収）が限られている中で、どれを優先して実施するかを国全体のバランスの中で決めなければならない。何かの予算を増やせば、別の予算を削らないといけない。

法律改正にしても毎年の国会の審議時間というリソースは有限なので、好きなだけ法案を国会に提出できるわけではない。厚労省は霞が関の中でも毎年最も多くの法案を国会に提出する官庁の一つだが、それでも通常国会（毎年1月から6月まで開催される一番長い国会）に提出できる法案の数は、多くても10本に満たない。たくさん提出しても審議できないからだ。当然、必要性や緊急性の高いものを優先して提出することになる。この政策の優先順位を決めるのに大きな役割を果たすのが政治であり、政治の意思決定を支える世論なのだ。

若い女性の問題に注目が

僕がインドにいる3年の間に、生きづらさを抱えている女の子たちが日本の色んなところにいて、それを支援している民間団体があるということが、テレビ、新聞、本などで、どんどん紹介されるようになっていった。また、国会議員の勉強会にも、民間団体が呼ばれるようになり、徐々に国会議員の間にも知られるようになっていった。

僕自身も、インドの大使館勤務時代に一時帰国していた時に、たまたま「bond Project」代表の橘ジュンさんをテレビで見ることもあって、「ジュンさん、見たよ」と連絡したりした。生きづらさを抱えている若い女性のことが、社会問題として認知されるようになってきた。「こういう若い女性たちを何とかして救いたい、支援する民間団体の活動が継続できるように国も支援しなければいけない」。そんな思いを持つ国会議員も多くなっていった。そして、16年4月に与党「性犯罪・性暴力被害者の支援体制充実に関するPT」が設立され、同年12月に10の提言が取りまとめられ、菅義偉《すがよしひで》官房長官、塩崎恭久厚生労働大臣、加藤勝信女性活躍担当大臣、松本純国家公安委員長に申入れがなされた。その中には以下のような内容が盛り込まれた。

6. 被害が顕在化しにくい若年性暴力被害者支援

10代、20代の女性は性暴力にあっても、誰にも相談できず、自分だけで抱え込み、顕在化しにくく、支援になかなかつながらない。被害を未然に防ぐため、こうした若年性暴力被害者の実態及び相談・支援の現状を把握し、今後の相談・支援のあり方について検討を行うこと。

つまり、与党から政府に「若年女性の支援策を考えろ」という宿題が出たのだ。当時の僕の役割は、子育てや女性支援の部局のすべての政策がスムーズに動いていくようにするための司令塔役だった。担当課の職員に「この与党の提言の若年女性の支援というのは、『bond Project』に相談に来るような若い女性たちのことではないか？」と聞くと、そうだという。ただ、いきなり与党から強い要請があって、予算事業を作ることになったが、新しい話なので何をしてよいかよく分からないという。

現場のニーズを先取りする

政治のイニシアチブで政策を進めるチャンスが来ても、実態をよく把握せずに予算を作ると使い勝手の悪いものになってしまい、結局救いたい人が救えない。残念ながら、そういうことも珍しくない。すぐに民間団体の話を聞いて実態を把握して、どのような支援策が必要なのか検討するよう、僕は指示を出した。

そして、「bond Project」以外にも似たような取組みをしている民間団体があるので、現場にも出向いて、よく話を聞いてほしいと指示を出した。そして自分自身も検討に加わった。単に、民間団体の活動費を出すだけでなく、行政との連携が取りにくいことに悩んでいたことも随分と前から知っていたので、東京都との連携も取れるような設計にしていった。新しい事業なので、東京都も最初はどの部署が担当するのか悩んでいたが、対話を重ねるうちに徐々に前向きになっていき、無事に予算事業はスタートした。

ついに、民間団体が生きづらさを抱えたり性被害を受けた若い女性たちの相談、保護、支援を行う事業を、厚労省で立ち上げることができた。もちろん、実際にこの予算を活用して「bond Project」が立ち上げた施設を見に行った。他の同じような取組みをしている団体の施設もでき上がった。

若い頃に、自分が霞が関でやっている仕事が、どのように最終的なお客さんに届いているのか分からないという悩みを抱え、現場を訪問するのがライフワークになってから何年も経った。新しい社会課題というのは常に現場で発見されて、民間のトップランナーが先に動き始める。徐々に世の中に認知されていって、メディアでも取り上げられ、政治家が決断をするタイミングが来る。

具体的な制度設計をする官僚が、その時になって初めて考え始めるのでは遅いのだ。常に、現場のニーズを把握して、タイミングが来たら政治家に取り上げてもらえるような腹案を持っていないといけない。そういうことを実践から学んだ出来事だった。

第5章　「できる上司」と「偉い人」が悩みのタネ
～霞が関の働き方改革の壁～

スーパーサイヤ人ばかりが引っ張る組織

ここまで読んでいただいて、霞が関の働き方改革の必要性については十分にご理解いただけたのではないかと思う。ではなぜ改革が進まないのか。これだけ日本中で働き方改革が叫ばれ、厚労省や政府はその動きを後押しすべき立場であるのに、霞が関自体はなかなか変われない。そこにはやはり、役所特有の理由がある。

キャリア官僚の昇進について、よく言われていることがある。同期横並びで出世して課長までは昇進する。その後、審議官・局長に昇進する人と肩たたきで天下る人に分かれる。出世レースの最後の事務次官は同期で一人出るかどうか。

これは、間違いではないが、少々誤解を招く説明のように思う。実は、中央省庁に採用されたキャリア官僚の職場というのは霞が関だけではない。厚労省であれば、都道府県労働局や地方厚生局などの地方支分部局もある。企業で言うと支社のようなものだ。あるいは、それぞれの行政分野の実務を行う独立行政法人や国立の機関もある。これは企業で言うとグループ会社のようなものだ。最近だと官民交流といって、民間企業に出向するケースもあるし、県庁や市役所に出向することもある。さらに、大使館、国際機関、ＪＥＴＲＯなどに出向して海外で勤務を経験したり、ＪＩＣＡ専門家として途上国の制度設計を支援することもある。また、大学や研究機関に出向して教育や研究を行うこともある。また、霞が関内部でも他省庁への出向もある。

つまり、霞が関で働いているのはキャリア官僚の一部なのだ。民間の大企業でも、総合職を本社で一括採用するけれど、実際に本社で働いている社員は一部だろう。それと同じことがキャリア官僚の世界にもある。

係長くらいまでは、ほとんどの場合本省で官僚としての基礎を一通り学びながら仕事をするが、課長補佐の途中くらいから徐々に霞が関の本省以外の職場で働く職員が増えていく。40歳くらいで管理職になる頃には、多くの職員は本省以外の職場で働いているのが実態だ。そして、局長や事務次官など偉くなっていく人は、管理職になってからは重要政策を担当する課長や室長などを歴任する形で、ほとんどの期間を本省で過ごす。

出向するとしても、官邸や内閣官房など霞が関の中の重要な部署への出向だ。厚労省ではあまり聞かなかったが、他省庁では管理職になってからほとんど本省におらず、他省庁や関係団体などへの出向を繰り返す職員のことを「衛星」と呼ぶらしい。本省を中心とすると、その周囲をぐるぐる回っているというイメージらしい。

本省での仕事は重要な政策を担当するのでプレッシャーも大きいし、政策作りには意見調整がつきものなので、国会対応、審議会対応、メディア対応など外部とのやりとりも非常に多く、特に国会開会中は24時間土日も含めた対応が求められる。このため、本省の幹部・管理職のポストは、仕事ができる上に体力・精神力の面でも家庭環境の面でも、24時間365日対応ができる職員ばかりで埋め尽くされる。

かくして、スーパーサイヤ人みたいな人ばかりが上にいる組織になるのである。マンガ『ドラゴンボール』に出てくる、とにかく戦闘能力の高い超人である。もちろん職員の働き方に理解のある幹部もいるが、基本的には一人当たりの業務量の上限の基準が異常に高い人たちの集まりだ。

こうした構造が、昔の栄養ドリンクの宣伝文句「24時間戦えますか?」のような昭和的な価値観を存続させている一つの要因と感じる。常識的な働き方ができる職場になれば、スーパーサイヤ人以外でもキラリと光る特技を持った多くの職員が本省で活躍できるようになるし、最近始まった360度評価と相まって、過剰に働かせる幹部がブラック上司としてあぶり出されていくことになる。

頻発する不祥事

近年、霞が関では不祥事が頻発している。最近だと、検察庁法改正法案の炎上や黒川検事長の定年延長問題、桜を見る会の問題、森友学園や加計学園の問題などは大きく報道されたので皆さんもご存知だろう。こうした政権の姿勢を指摘する問題以外にも、役所のミスも増えている。特に、厚労省はほとんど組織の限界にきていると言っていいほど、ミスによる不祥事が増えている。

たとえば2018年の障害者雇用水増し問題、19年は毎月勤労統計調査を巡る不適切な取扱いが大きな問題となり、国会や与野党の会議で追及され、メディアでも連日取り上げられた。その結果、尋常ではなく業務量が跳ね上がった。障害者雇用水増し問題を対応しているチームでは何人も限界を超えて働くことになり、結果として休職に追い込まれ、職員の辞職も続出した。毎月勤労統計調査問題の際は、各部局から大量の職員が対応チームに集められた。手薄な体制の中で重い業務を抱える他の部署でも、何人も休職者が出た。

つまり、不祥事が発生すると業務量が異常に跳ね上がり、応援に入った職員も含めて超長時間労働が常態化する。応援を出した部署も人が減るので同様のことが起こり、組織全体にしわ寄せが生じる。特に、24時間土日対応可能な仕事のできる職員は、重要政策の立案→不祥事対応→遅れた重要政策を突貫工事で対応、という生活サイクルになり、疲弊する。

元々、女性の採用を増やしてきたこともあって、24時間土日対応可能な職員の割合が減っている（繰り返すが、僕は女性職員の割合を増やすことには大いに賛成である。家庭の仕事がある人も活躍できるように、働き方の方を変えるべきだ）。そうした中で、24時間土日対応可能な職員が常に限界まで働くようになり、どんどん疲弊してくる。長期休職者が増え、さらに離職者も続出する。さらに、採用難も深刻だ。

仕事が増える中で人材が不足し、政策への対応能力が著しく落ちている。最低限こなさないといけない期限の近い業務を、何とかこなしているような状況になっている。新しい課題への対応はおろか、やらなければいけない期限が少し先の仕事は手がついていないような状況だ。まして、中長期的な課題を考えることができる、余裕のある職員はごく一部だ。

負のスパイラル

このような構造の中で、組織としての政策立案や業務遂行能力が低下し、さらに、次のミスや不祥事をもたらす。この負のスパイラルを断ち切らないと、この手の不祥事は毎年のように出てくるだろう。政権の姿勢の問題はともかく、役所のミスによる不祥事は確かに役所の責任であり言い訳ができない。ただ、このまま不祥事を頻発するような構造を放置しておくことは、僕ら国民にとって決してプラスではない。しっかりとした信頼できる行政の執行を確保するためには、ミスや不祥事を検証・総括して再発を防止するプロセスそのものを抜本的に効率化する改革も必要ではないだろうか。

行政監視や再発防止策はもちろん重要だが、毎日国会でその話題ばかりが取り上げられ、さらに野党合同ヒアリングなども連日のように開催される。その対応のために多くのエース級の職員が不眠不休で対応して、組織が傾くほどの影響が出ている。それでは、組織の対応力が落ちて別の不祥事が起こりうるし、不祥事対応以外の重要な仕事が止まってしまう。不祥事ではないが、新型コロナウイルス感染症の対応で実際に起こったことだ。

不祥事は政権を追及するネタになるかもしれないが、そればかり取り上げることは決してよいこととは思えない。実際に、ある省で不祥事が起こると、予算委員会の質問はそのネタ一色になるので他の省は安堵している。他のイシューに対する行政監視機能が弱まるのだ。

こうした弊害を防ぐために、不祥事の追及にも効率的なやり方が必要ではないか。例えば、大きな不祥事には専門の特別委員会を作ってそこで集中的に議論する、担当省庁だけでなく他省庁からも人を集めて検証と再発防止の組織を作る、などだ。野党の追及の場もある程度集約した方がよいし、政府側も野党の提言で可能なものは取り入れるなどの工夫が必要だろう。

実務を考えない政策決定

政策のつくり方が大きく変わったことが、霞が関の疲弊につながっていることについて、第3章で述べた。国民の関心の高い重要政策ほど、トップダウンで急に決定して作業が降ってくる。そうなると、役所の幹部は右往左往するし、作業部隊は全てそれに引っ張られる。効率的な業務遂行の基本は計画的に作業を進めることであるが、やたらと計画していない大量の仕事が発生する状況になっているのだ。

最近の事例でいえば、新型コロナウイルス感染症の拡大防止を目的にした一斉休校だ。事前に各省との調整もなく、木曜日に「次の月曜から休校」ということが突然発表される。学校が休校になれば、学校はもちろんのこと、家庭生活などに様々な影響が出てくる。例えば、保育園、学童保育はどうするのか、急に受入れられるのか、そういったことをあわてて後追いで対応しないといけなくなる。そうやって、フル回転している間、元々やらないといけなかった仕事は全部ストップする。

無理なスケジュールでの対応指示が機能しないことは、コロナ禍の特別定額給付金、雇用調整助成金、持続化給付金、布マスクの配布などでも見られた。

特別定額給付金の支給は、自治体によって随分と差が出た。東京都でも、人口の少ない千代田区などでは比較的早く給付されたが、人口が多く大量の申請を処理しないといけない世田谷区などではかなり時間がかかった。雇用調整助成金をはじめとする厚労省関係の助成金は、通常想定されないような大量の問合せや助成金申請が殺到し、役所が自前で処理する方針を維持したことから、現場は完全にパンクした。

最初から事務を全部委託した持続化給付金は、委託自体の適正性や一部の申請が遅れたなどの問題が指摘されており全く問題がないわけではないが、給付事務は比較的迅速だった。政策を決める時は、国民に届ける実務まで見据えることが必要だ。

やることばかり決定される

霞が関の仕事は、世の中のニーズに対応した法律案を作ったり、新しい予算を作ったりすることであるが、当然のことながらその分仕事はどんどん増えていく。一方で、仕事が減ることはあまりない。このことについて、役所が既得権益を手放さず、仕事や権限を拡大したいから仕事が減らないという指摘を見ることがあるが、僕は少し違う受け止め方をしている。

当然のことながら、役所の法制度や予算事業を廃止するためには、政治的な意思決定が必要となる。大臣をトップとした省の意思決定も必要だし、予算案も法律案も閣議決定が必要だ。さらに、国会の承認・可決が必要となる。

企業経営であれば、不採算部門を整理して拡大したい事業に予算や人員を投入していく。株主への説明責任はあるが、組織内で意思決定できる。役所の場合は、同じことをするにも組織の中で意思決定できないのだ。そして、その構造は正しいと思う。国民から強制的に徴収した税金を使っているのだから、予算事業の創設も廃止も税金の使い方そのものだ。国民の負託を受けた国会議員が決めるべきだろう。

では、意思決定権者である政治家の立場に立った時、役割が乏しくなった予算事業を廃止するというのはどのような意味を持つのだろうか。実は、そんなことをしても得にならないのだ。その予算事業によって助かる人が全く存在しなくなっているなら話は別だが、そんなケースはまれだ。一定の人たちにとっては、依然として必要であることが多い。そうなると、政治家としてはそれを廃止することは、その人たちの支持を失うことにつながる。政治家はみな誰かの支持を得て当選してきている。つまり、誰かの利益を必ず背負っているし、できればより多くの人の支持を得たい。そうしないと次の選挙で当選できない。新しい予算事業や法律を作りたい政治家は山ほどいる……というか、全ての政治家がそうだ。一部の人とはいえ、支持を失う可能性のある予算事業の廃止はしたくない。

この構図を打ち破ろうとした試みが、民主党政権時代の事業仕分けだ。役割を終えた事業を廃止していくためには、あのような仕掛けが必要だと僕も思う。実は、当時事業仕分けには興味があったので、日曜日に開催された仕分けの場に一般人として見に行ったことがある。事業仕分けの会議は一般公開されていたし、ネット中継もされていたのだ。実際に面白かったし、政策決定のプロセスが国民に見えるようになるのは、とてもよい試みだと思った。

事業仕分けのカラクリ

ただ、民主党政権時代の事業仕分けには課題もあったと思う。あまり、誰も指摘していないように思うが、あの仕掛けは政治的にはうまくできていた。政治家への支持を減らさずに事業を廃止することができるような舞台設定になっている。官僚が事業の必要性について説明をして、国会議員がそれを切り捨てる形で廃止を決めるのだ。既得権益を守ろうとする官僚と、税金の無駄遣いにメスを入れる国会議員という構図だ。

確かにショーとしては面白かったし、テレビでもたくさん取り上げられた。蓮舫参院議員のスーパーコンピューター開発に関する「2位じゃダメなんでしょうか？」という発言や、緒方林太郎衆院議員の「スーパー堤防は、スーパー無駄遣いっていうことで」

という発言が印象に残っている方も多いだろう。事業の廃止を決めた国会議員は善玉で、事業の必要性を説明できなかった官僚は悪玉という構図を作ることで、事業の廃止がむしろ支持を増やすという構図を作っていた。国会議員と官僚の論戦で官僚が敗れたら廃止となるので、廃止された事業の関係者の怒りが、実際に国会議員を説得できなかった局長にぶつけられていた。

だが、考えてみてほしい。役割を終えた事業の廃止というのは、典型的な総論賛成・各論反対の問題だ。役割を終えた事業を廃止して財源を捻出したり、役所の仕事を減らすという大きな方針には誰も反対しないが、具体的にどの事業を廃止するかという話になると関係者の強い反対意見が出てくる。不利益を被る国民が必ずいるので、その人たちにいかに納得してもらうかという話で利害調整そのものだ。そしてこれこそが、政治家の仕事である。

本来は国会議員と官僚の戦いで決めるのではなく、与党内に行政改革に取り組んでいる国会議員を集めて会議体を作るなどして、役所から事業の実施状況や成果に関するデータや材料を出させた上で、外部コンサルタントなども活用しながら政治家同士が議論をして決めるのがいいのではないかと思う。

霞が関も年功序列

事業そのものを廃止するのは、一部ではあっても国民にとって不利益な話なので、難しい課題ではあるが、政治の責任で実施すべきだ。しかし、役所の中で業務効率化に取り組むことは国民に不利益が及ぶ話ではないので、今すぐに全力で取り組むべきだ。

これを実現するためには、大臣などトップのリーダーシップが必要不可欠だ。なぜなら、これまでのやり方にどっぷりとつかっている幹部職員から必ず反対が出てくるからだ。トップが変えるという強い意思を示すことにより、事務次官や局長などの年輩の幹部も従わざるを得なくなる。

例えば、業務フローの見直し、ペーパーレス化、テレビ会議、テレワークなどを導入しない理由は全くないと僕は思うのだが、情報伝達やコミュニケーションのやり方というのは、必ず目上の人に合わせるものだ。昔からのやり方に慣れている目上の人は変えようと言い出さないし、下の立場の人は上の人に「変えましょう」と言いにくい。これは、別に霞が関だけでなく日本の年功序列の文化かもしれない。霞が関は年功序列で昇進するピラミッド型の組織なので、最も古いやり方が温存されやすい組織構造だ。

この構造を突破して改革するためには、年輩の幹部が従わざるを得ない大臣のリーダーシップが必要不可欠なのだ。大臣の強い意思の下に、直轄の改革チームを作り、何を実行するのかを決めるべきだ。そして、そのチームは、実務を日々担当している若手職員や、就業時間に制約のある女性職員などを中心に構成するのがいいだろう。

もちろん、改革マインドがあったり、若手の業務負担や離職に心を痛めている幹部が少人数入れば完璧だ。そして、このチームの議論や意思決定には、年功序列や職種の壁も排除したフラットなチームとする。さらにいえば、コストをかけてよいから業務改善の経験豊富な外部コンサルタントを入れるべきだろう。効率的に業務を遂行している民間企業のやり方から学ぶ必要があるし、課題を抽出して解決策を提示するノウハウや、決めたことを業務に落とし込むための研修や組織マネジメントのノウハウが必要だからだ。

民間に業務委託をする際には当然コストがかかるので税金が使われることになるが、民間企業でも本気で業務改善を行う時には、外部の専門性のある企業の力を借りるなど一時的にコストをかけるのは当たり前だ。役所に業務改善のプロなどいないのに、本業の片手間ではうまくいくはずがない。

小泉進次郎議員の評判

一つ実例を紹介したい。19年の夏、厚労省は議員レクをテレビ会議で行う実証実験を始めた。僕は、この仕組みを作るチームをリードしていた。これは、当時自民党の厚生労働部会長だった小泉進次郎衆院議員の発案で導入したものだ。厚生労働部会長は自民党の厚労省分野の政策を議論する会議の責任者だから、厚労省からすると強いリーダーシップを発揮できる立場だ。小泉部会長が言ったことには、厚労省の幹部たちも反対しない。というか、むしろちゃんと対応しないといけないとみんなが思う、そういう立場の人だ。

また、これは厚労省の若手改革チームの取組みとして進めていたものだ。僕は若手に頼まれて手伝っていたのだけど、前向きで優秀な若手と一緒に進めることができたのでとても助けられた。厚労省のシステムと国会議員のＰＣやタブレットをつなぐためには、技術的なハードルが色々とあったけれど、厚労省のシステムの運用をしているＩＴ会社の方々が技術的なサポートをしてくれた。この専門知識を持つ人たちのサポートなしにはできなかった。

実際に、運用を開始する際に小泉さんが「今後のレクはすべてオンラインでやるように」と言い出した。厚生労働部会長にレクしないといけない案件はたくさんあるので、多くの幹部がテレビ会議による議員レクを行わなければならなくなった。僕は、全部局の職員を対象に研修を行うだけでなく、幹部向けの研修会も行った。主眼は、実際にやってみてもらうことだった。コロナ禍以前は、テレビ会議自体をほとんどやったことがない幹部ばかりだったからだ。

やってみたら、小泉さんは太鼓判を押したけど、正直幹部の評判はあまりよくなかった。口々に「やりにくい」と言う。今まで対面の議員レクしかやったことがないのだからそれはそうだろう。僕は「そんなのは慣れの問題ですよ」と答えた。電話が登場した時だって、「顔が見えないと話しにくい」という声があったに違いない。チャットが登場した時も、「文字で会話をするのは違和感がある」という人も結構いた。でも、いまや年輩の人も含めて使っている。長く生きていると新しいことに対応するハードルが少々上がるけれど、最初は戸惑っても慣れていくものだ。

このテレビ会議による議員レクは、少なくとも議員会館への往復30分の移動時間が節約できるので、極力すべての議員に対応してほしい。

国会には逆らえない

霞が関の働き方改革のために役所自体の徹底的な改革努力が必要なことは当然であるが、最大の課題は国会対応という他律的な業務の負担が極めて大きいことだ。役所がつくっている政策は、法律案や予算案など、重要なものは国会の了解がないと進められない。このこと自体は当たり前だし、そうあるべきだ。

霞が関の環境を民間企業に例えると、毎日のように株主総会が開かれて、会社の経営に批判的な株主が半分近くいるような環境だ。

民間企業でも、働き方改革を進めるためには、自社の努力はもちろんだが、顧客の理解、取引先の理解、株主などステイクホルダーの理解も必要だろう。特に、最終顧客や製品・サービスの納入先である取引先など、自社の製品やサービスを買ってくれる人たちの要求に応えないといけないので、この人たちの要求水準が高くなればなるほど働き方もきつくなる。

例えば、ＩＴシステム会社が納期に間に合わせようとして発生させる技術者の過重労働や、宅配便における時間指定のプレッシャー、24時間営業が義務づけられるファミリーレストランやコンビニチェーンで店長が過重労働を強いられるのも構造は同じだ。業種を問わず取引先から「なんとか明日までに対応してほしい」と言われたら、なかなか断れないといったことはよくあるのではないだろうか。

同じ構造が霞が関にもあるのだが、国会の力が非常に強い。霞が関が作っている法案・予算案といった商品は、国会がOKしないと販売すらできないのだから、永田町と霞が関の関係は重要な取引先と下請けの関係によく似ている。どんなによい部品を作っても、組み立て工場が買い取ってくれなければ全く売上げが上がらないような関係だとしたら、組み立て工場が少々無理なお願いをしてきたとしても応じなければならないだろう。全員がそうではないが、国会議員の中にも自分は上の立場にあると思っている人もいる。言うことを聞かないなら法案を通さないぞ、大臣や局長に言うぞ、などと言われることもある。要求に応じないなら部品買わないぞ、他の下請けに切り替えるぞ、上司に言うぞ、という下請けいじめみたいなことが起こりやすい関係性なのだ。

働き方改革は、自社のみならず取引先や顧客の理解も含めて社会全体で進めていかなくてはならない課題だ。単に、労働時間だけ減らそうとすると、かえって仕事がきつくなったり、持ち帰り残業したりといったことが起こってしまう。

重鎮議員の理解がカギ

国会の仕事のやり方は昭和の時代から変わらない。霞が関の仕事というのは99％がコミュニケーションなのだが、コミュニケーションの仕方は目上の人や力の強い人に合わせるのが通常だ。

実は、永田町も年功序列が非常に強い。ここでいう年功序列というのは年齢というよりも当選回数のことであるが、いずれにしても国会の運営を決める権限のある人たちは年輩の方で、これまでの永田町のやり方で長く仕事をしてきた人ということだ。若い国会議員の中には、テレビ会議を導入したり、官僚の働かせ方がひどすぎるので変えるべきだ、公務の在り方を効率的にすべきだ、という問題意識を強くもっている人も珍しくない。しかしながら、政党としての意思決定や国会（正確には衆議院、参議院）の運営ルール作りとなると、やはり重鎮の国会議員の力が必要だ。

では、重鎮の国会議員が引退しないと変わらないのか、というとそうは思わない。重鎮の国会議員は、企業でいえば会社全体の売上げや収益を考える経営者の立場に近い。所属政党の支持を増やして、党勢を拡大することを一生懸命考えているのだ。だから、世の中の空気や世論といったものをすごく気にしている。国民の多くに、「税金で雇っている官僚に無駄な仕事をさせるな。もっと、国民生活に直結することに時間を使わせて有効に働かせろ」という声が高まれば、必ず真剣に考えてくれるはずだ。そして、重鎮の国会議員の人たちは、この国のことを一生懸命考えている人でもある。霞が関からどんどん人材が流出して、機能を果たせなくなると国民に迷惑がかかる、ということはよく理解している。

深夜労働をなくすための、国会質問の質問通告時刻の見える化・早期化や委員会日程のルール、短期間の過重労働が前提となっている質問主意書のルールの見直し、野党合同ヒアリングの在り方など、国会運営の在り方や政官関係を変えることは、党勢拡大にかかわる大きな利害がからむので合意が難しい課題ではある。しかし、ここで一度各党の利害を横に置いて、今の時代に最適な国会運営の方法を議論する場を作る必要があると思う。このままでは、どんなに国会でよい議論をしても政策が国民に届かなくなるからだ。場合によっては、当事者だけでなく有識者を集めて少し政党間の利害関係から距離を置いて議論をする必要もあるだろう。

公務員の美学と沈黙

今、政治的に一番力のあるのは国民だということを第3章で述べた。意思決定権者の政治家たちは、一般の方の声をすごく気にしている。ただ、政策決定をする人がいかに国民の声を聞こうと思っていても、あげない声は届かない。だから、僕は色々な場面で、ことあるごとに素朴な意見でもいいから声をあげてほしいと多くの人に伝えている。芸能人は政治に口を出すな、などというのは論外だと思っている。意見を言うことを自粛しなければならない人などいないのだ。

ここでは、実は公務員の声が意思決定権者に届きにくいという構図を指摘したい。公務員も有権者であり国民なので、本来意見を言ってよいのだけれど、政策の意思決定に組み込まれているということと、国民や住民のために働くという立場があるので、意見を言うことに後ろめたさがあるのだ。僕自身も、現役の官僚時代から長く政策について発信をしてきたが、ほとんどの場合政策に関する正確な情報を届けたり、官僚がどのような仕事をしているのかを伝えるものであり、政治的意見を表明したつもりはない。公務の現場が壊れそうだという発信を始めたのは、本当にこれを伝えないと国民の期待にこたえられないと危機感を持った2019年からのことだ。

この時も葛藤がなかったかというと嘘になる。公務員の美学に反するからだ。公務員は税金で給料をもらっている立場で、基本的に馘になることもない。自分たちが苦しくて国民の期待に応えられないから人を増やしてくれとか、労働時間を減らしてくれとかいうことは、どうも言い訳をしているような気になるのだ。僕が、その公務員の美学を捨てて霞が関や公務の危機を発信し始めたのは、役所全体を見渡した時にあちこちで仕事が回っていない実態や、体を壊したり、離職したりする職員が増えていて、このままでは国民に迷惑がかかるという強い危機感を持ったからだ。

新型コロナウイルス感染症の感染者情報を集めたり、検査の実務を担う保健所の職員、特別定額給付金の支給事務を行う市役所の職員、雇用調整助成金などの審査を行うハローワークや都道府県労働局の職員など、体制が整わなかったり、仕事のやり方がよくなかったりといった事情で、国民や政治家が望むようなスピードで処理できない状況が続いたわけだが、実はこういう現場の公務員が感じていることの中に改善のタネがたくさん埋まっている。でも、なかなか声があがりにくいし、国民から見えにくい。そうなると、改善の機会を逸して、B29を竹やりで打ち落とすような仕事が続く。誰が困るかというと結局、なかなか給付金や助成金を受け取れない国民だ。自分たちが楽をしようというのは論外だが、それが国民の利益につながる限り、公務員は自分たちの実務の改善に向けて、もっと自由に発信や議論をした方がよいと思う。そうしないと、意思決定が需要サイドに極端に傾き、的確な供給という側面がないがしろにされ、結局よい政策が執行されなくなるからだ。

清潔さを求めすぎると

新型コロナウイルス対策や、緊急的な生活支援策など、通常想定していないような業務量が急に発生した場合には、どうしたって外部の知見とマンパワーを借りないと対応できない。また、感染症や災害などの緊急事態対応でなくても、新しいテクノロジーへの対応、役所に届かない新しい社会課題の発見、広報など新しい政策形成過程への対応など、これまでの霞が関のノウハウでは対応できない課題が増えている。多くの人に影響する国の政策をつくっているのだから、日本で一番詳しい人の知恵を借りるべきだ。そのためには公務員だけでなく、研究者や民間企業、ＮＰＯ、海外の機関などあらゆる外部の力を借りながら政策をつくっていかなくてはならない。

しかし、国家公務員倫理法の施行や過重労働による時間的余裕のなさで、霞が関はどんどん民間の力を借りることが下手になってきている。これは、厚労省だけでなく多くの省庁に言えることだが、規制などを所管していて高度な中立性・公平性が求められるという仕事の性質もあるし、そもそも忙しすぎて外部と接する時間がとれないという事情もある。さらに、過去の不祥事などもあって、民間との付き合いは深くしない方がよいという雰囲気もある。

ただし経産省だけは少し雰囲気が違うと感じる。先進的なビジネスモデルを応援したり、中小企業の支援などが仕事だから、当然企業と深く付き合う。外部の民間企業などと付き合うことはむしろ仕事の一部だと思っているので外部との交流も多い。元々、経産省がやっている仕事は民間に近いので中途採用もしやすい。時々、公平性が保たれていないと指摘されることもあるが、妙な利益供与や接待を受けない限り、どんどん外部と付き合って新しいことを学ぶべきだろう。安倍政権が経産省を頼りにしていた背景には、こういう組織風土があると思う（経産省の課題は、どちらかというと民間に近い一方で、各省の制度や実務との距離が大きいことの方だと感じる）。

国会対応に代表される非効率な仕事のやり方を変えて、官僚の時間や組織の人員に余裕を作り、各省庁は民間や現場と交流する機会を増やすべきだ。日頃から交流して感覚的に理解していないと、必要にせまられた時に民間や現場の人のヒアリングを慌ててやっても、本当に理解して政策に必要なエッセンスを受け取ることは難しい。また、官僚が民間企業に出向したり、民間企業の人が役所で働いたりといった出向の機会も大幅に増やすべきだ。それには、ある程度の人員の余裕も必要だ。本省の人員が不足していると、民間出向ポストを作ることができないからだ。民間企業に出向ポストを作ったら、双方向で民間企業から人を受入れればよいと思うかもしれないが、頭数はプラスマイナスゼロになっても、慣れている人が減って新しい人が増えるのだから、双方ともある程度の戦力減の可能性を飲み込まなければ、こうした相互の出向には踏み切れない。

倒産しないことの難しさ

役所の改革が進みにくい要因の一つに、会社と違って倒産しないことがある。倒産しないのだから、厳しい競争の中でビジネスをしている企業から見ると、楽でいいじゃないかと思うかもしれない。昔のように、仕事も忙しくなくて人員に余裕があればその通りだが、今のように忙しくて人が足りない状態であっても、事業を止められない苦しさがある。そして、民間企業の場合だと経営が苦しくなってきていることが数字で如実に分かるので、経営層も危機感を持ちやすい。役所の場合は、そういう組織の存続可能性に関する数字が存在しないし、そもそも倒産するということが想定されていない。国会議員も官僚も国民も役所がなくなるとは思っていない。ここに、組織の危機感が共有されない背景がある。組織の危機感が共有されなければ、改革も進みにくい。

組織経営の健全性の指標を見える化する必要があるのではないかと思う。例えば、労働投入量だ。官僚の労働時間について昔は管理さえしていなかったが、最近は管理をしている省庁もある。在庁時間といってPCのログイン・ログアウトの時間などを個人ごとに管理していて、誰がどのくらい残業をしているか把握している。ただし、この数字は公表されていない。なぜなら、残業代が予算の範囲内でしか支払われないからだ。

実際には、霞が関では大量のサービス残業が常態化しているが、政府は、違法なサービス残業を認めることはできないので、外向けには残業代支払い可能な時間の残業しかしていないことになっている。民間企業と違って、労働基準監督署が監督に来て未払いの残業代の支給を命令することもないので、チェックもされない。

どのくらいの残業があるのか、どのくらいサービス残業が発生しているのか、どのくらい長期休職者が出ているのか、離職者はどのくらいいるのか、こうした情報はすべて正確に把握して公表すべきだ。倒産しない役所を改革させるには外圧が必要だ。ひどい働かせ方が常態化している、長期休職者や離職者が続出して、戦力ダウンしているということであれば、幹部も危機感を持つし、改善しろというメディアや国民の圧力は間違いなく強くなる。何にそんなに時間をかけているのか、という監視の目も厳しくなる。

そうすれば、役所内部でも幹部も管理職も場合によっては若手自身も、同じ仕事を極力短い時間で処理しようという意識が格段に高くなるし、時間をかけずに行うための業務の見直しやＩＴ化も進む。長時間労働の一番の原因となっている、国会対応の在り方の議論も加速するだろう。

第6章　本当に官僚を国民のために働かせる方法

～霞が関への10の提言～

政府の改革

これまで、霞が関の働き方改革を進めて、真に国民のための政策づくりにリソースを効率的かつ効果的に活用できるようにするためには、国民の後押しが必要だと述べてきた。では具体的にどのような改革が必要なのだろうか。ここまでの議論を踏まえたうえで、昨今の霞が関の働き方改革の議論や、僕の当事者としての経験も踏まえながら考えていきたい。

増員が必要だという意見もある。2019年まで厚労省で働いていた僕自身の感覚でも、増員は必要だと思うけれども、公務員を増やすと人件費が増える。その原資は税金だ。非効率な仕事のやり方を放置して人を増やすのでは、国民の理解は得られない。何より、今のひどい働き方を放置したまま人を増やしても、その分辞める人が増えるのだから、栓をしていない風呂に水を入れるようなものだ。まずは政府が、国民生活に直接関係ない不必要な作業を徹底的に減らす努力をしなければならない。以下、具体的に改革すべきことを列挙する。

1．ペーパーレス化の推進

内部の会議や外部有識者を集めた会議の資料、メディアへのプレス発表、国会議員への説明資料、政党の会議に提出する資料、国会答弁の答弁書、質問主意書、法律案の資料、予算案の資料、白書など、霞が関は紙の海の中で仕事をしているが、紙の無駄もさることながら大量のコピー作業、封筒詰め作業、各所への配布作業など、若手を中心とした職員の膨大な労力がかかっている。ほとんどが昔から紙で配付しているからという理由だ。このような膨大なコピー作業等については、役人でなくてもできるのだから外注すべきという人もいるが、不要な仕事を外注するのは税金の無駄遣いだろう。また、生産年齢人口が減っていく中で、余計な仕事を民間にしてもらうことも慎むべきだ。

2. テレビ会議の活用

新型コロナウイルス感染症防止のために、ある程度活用され始めたが、これからは特別な時以外はテレビ会議を基本とすべきだ。これにより、どこにいても会議に参加することが可能となり、移動も不要になるし、在宅勤務でも出勤するのと同じように業務を遂行できるようになる。メールだけのコミュニケーションで在宅勤務をやるのは、どうしてもコミュニケーション不足になるという声もあるが、テレビ会議を併用することでかなり改善できる。

また、国会対応の際に委員会開始前の早朝に大臣等に対して行う答弁内容のレクチャーもテレビ会議でやれば、現在のように数多くの官僚が始発間際の電車に乗って国会に集まる必要もなくなるし、早朝集まって自分の説明の番が来るまで待ち続けたあげく、最後まで終わらずに昼休みに改めて大臣レクに出向いて説明するというような、極めて非効率な事態も解消できる。テレビ会議でのレクチャーであれば、自分の番が来るまで他の作業もできる。また、始発に乗っても早朝の大臣レクに間に合わない場合にはタクシーで国会に駆けつけるようなケースもあるが、こうしたことがなくなり労働力や税金を無駄に使うことがなくなる。

3．チャットなどビジネスツールの活用

僕は、今外部の様々な企業やNPOなどと一緒にプロジェクトを進めている。マルチタスクを日々こなしており、プロジェクトごとに仕事相手のチームが異なる。このため、ほとんどの場合は、それぞれのチームとのコミュニケーションは、チャットなどビジネスツールを使っている。Teams、slack、Chatworkなどクライアントによって異なるが、いずれもタスクごとにチームメンバーと過去ログ、ファイルのありかなども分けられるので、とても分かりやすい。

厚労省時代の仕事相手とのコミュニケーションツールは、メールだ。実は、役所も今や一つの課で完結する仕事は少なく、部署の壁を越えてマルチタスクをこなしている。一人の職員が複数の異なるチームに入って仕事をするのが普通だ。中には他省庁や外部の人と頻繁にコミュニケーションが必要になることもある。それらの全てがメールの受信ボックスに入ると、1日数百というメールが届き、どれがどのタスクのものか分からなくなるし、どの情報をどの範囲に共有すべきか判断するのも大変だ。また、特に自分が読むべきなのか、参考程度に送られているのかも一応確認しないといけないし、情報

共有のためにわざわざ転送しないといけないこともある。

霞が関に限ったことではないが、便利なビジネスツールをどんどん導入すべきだろう。色んな人の動きが見えるので、うまく使えばチームワークもよくなるし、コミュニケーションがフラットになるので担当者の持っている情報が戦略に活かされる機会も増える。

4．テレワークの推進

新型コロナウイルス感染症の影響で、世の中にテレワーク（在宅勤務）が広まってきた。メールのみを活用したテレワークだと職員同士のコミュニケーションが円滑に進まなくなったり、人事異動後のチームビルディングや新人を中心とした若手の人材育成が難しいなどの指摘もあるが、こうした課題は、テレビ会議やチャットツールの活用でほとんど解消できる。

テレワークには、働き方の観点以外にも、社会全体への影響を考えてもよい効果がたくさんある。まず、通勤時間が不要となるので、職員にとっては、空いた時間を家族との時間に活用することにより、仕事と生活の両立がしやすくなる。女性活躍にもプラスだし、霞が関のような超長時間労働の職場なら、なおさら体の負担を減らすべきだ。また、勉強や外部の人の話を聞くなど自己啓発の時間もとりやすくなるし、特に遠方や海外の人とも気軽に話せるメリットがある。

実は、もう一つ今の霞が関が抱える大きな課題を解決できる可能性もある。今や、会議スペースが全く確保できず、打合せに支障が出るという信じられない状態になっているのだ。厚労省のオフィススペースは年々不足するようになり、18年、19年あたりは、来客との打合せや、内部の打合せスペースも確保できなくなっていたし、外部の有識者を集める審議会等も、民間の会議室を借りないと開催できなくなっていた。フリーアドレスとテレワークを組み合わせれば会議スペースも増やせるし、テレビ会議を原則とすれば会議室の需要も減らせる。

もちろん、役所内だけでなく、都心の通勤電車の混雑緩和、二酸化炭素排出の低減や電力消費を減らすことによる環境負荷の軽減と、社会にもプラスの効果がある。政府はこうした政策を進めているし、民間にもテレワークの推進を求めているのだから率先してやるべきだ。

省庁間のシステムが統合されていないとか、支給されているＰＣのスペックが低すぎるという課題も指摘されているが、そうした古いシステムやデバイスの更新も、コロナの第二波やポストコロナの社会に対応するための必要経費だと思う。

5. 煩雑な手続の簡素化

霞が関には、まだまだ古い形式を重んじる手続がある。その代表格が閣議決定だ。国会議員が文書で政府に質問をする質問主意書という制度があることは既に述べた。この質問主意書は極めて短期間で回答を作成し、内閣法制局の厳格な審査を受けて、大臣まで決裁をとり、閣議決定しなくてはならない。閣議決定を求める請議書という書類は、普通のコピー用紙に印刷するのではなく、「青枠」と呼ばれる特殊な紙に印刷しなければならない（図3参照）。

この青枠と呼ばれる閣議決定用の特殊な紙にワープロソフトで作成した答弁書を印刷するのだが、青枠と内側の文字の間が5ミリ以下になっていないといけないという謎のルールがある。一文字追加できるスペースがあってはいけないということらしい。どういう経緯でそういうルールがあって、今日まで引き継がれているのか僕も分からないのだけれど、担当者は余白を5ミリ以下に収めるように何度も印刷を試すし、内閣総務官室という閣議の手続を担当している役所に持ち込むと、内閣総務官室の役人も余白の隙

図３　閣議請議書の青枠

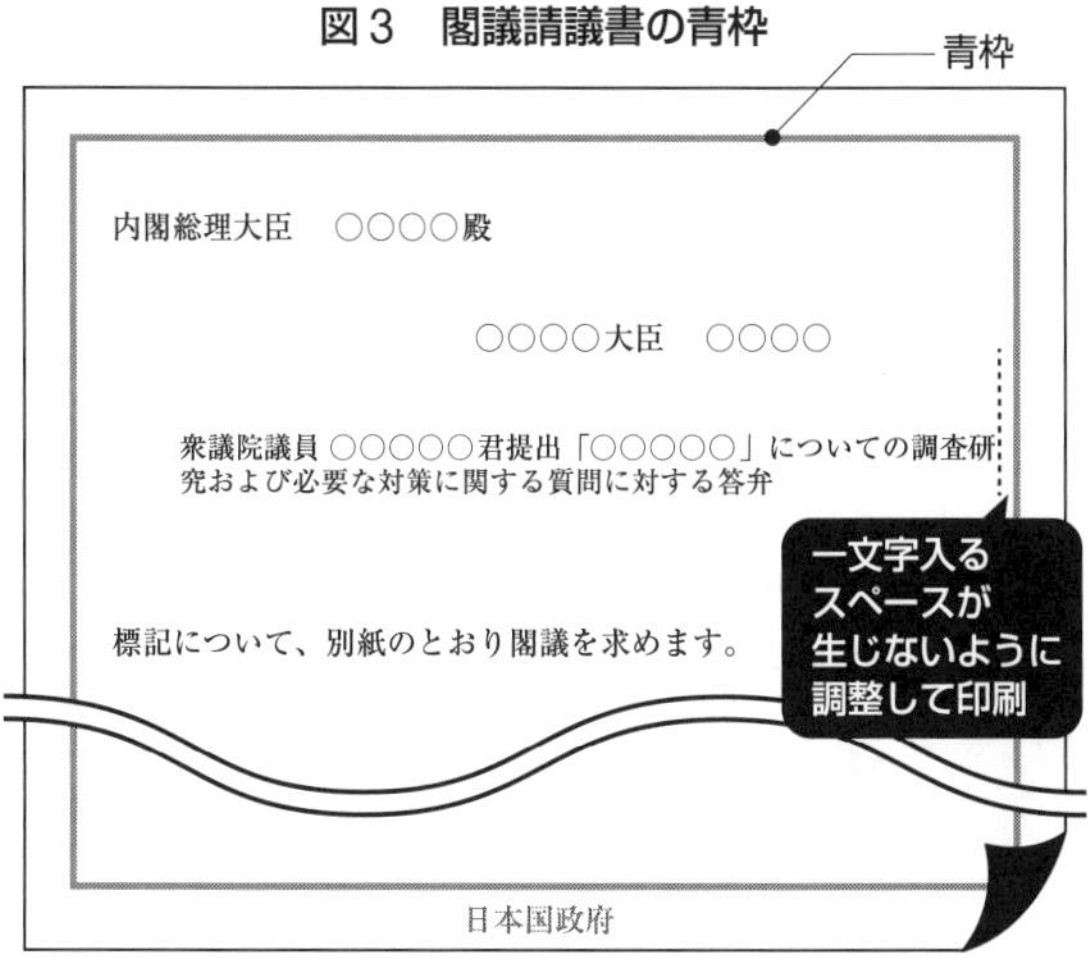
青枠
内閣総理大臣　○○○○殿
○○○○大臣　○○○○
衆議院議員 ○○○○○君提出「○○○○○」についての調査研究および必要な対策に関する質問に対する答弁
標記について、別紙のとおり閣議を求めます。
一文字入るスペースが生じないように調整して印刷
日本国政府

間を厳密にチェックするという意味不明な作業を行っている。「ちょっと余白が大きいですね」と言われると、担当者はもう一度所属する省に戻って印刷のやり直しだ。

質問主意書の七日間以内の答弁という短い期限、各大臣ではなく内閣が回答しなければいけないこと、個々の議員が制限なく提出できること（1日に30本近く提出する議員もいて尋常でない労力がかかっているが、ルール違反ではない）など、ルールそのものを変えるには国会法の改正が必要なので、国会における議論を進めてほしいが、それを待たずに政府内の旧態依然としたルールは政府内で変えられるはずだ。

新型コロナウイルス感染症防止のために、

20年5月1日には政府は閣議決定をテレビ会議で開催した。歴史上初めてのことだが、必要があれば形式は変えられるという好例だ。青枠を廃止することで不利益を受ける国民など一人もいないし、税金から給料をもらって働いている若手官僚の労働時間を有効に使えるようになるのだから、国民にとってもプラスだ。

6．作業の外注

霞が関には、なんでもかんでも自前でやろうとする悪い癖がある。新型コロナウイルス感染症が流行し始めた頃、厚労省に一般の方からの問合せを受けるためのコールセンターが急遽設置された。厚労省本省には約4000人の職員しかいないが、200人くらいの職員がコールセンター業務に投入された。感染症に詳しい職員が投入されているわけではない。労働政策が専門で感染症のことなど全く知らない職員も、マニュアル（想定問答集）を持たされて多数投入された。

人材の無駄遣い以外の何物でもない。要するに、感染症の素人に想定問答集を持たせて電話対応するというような仕事であれば、別の政策のプロである官僚が本業を止めて対応するよりも、民間のコールセンター業務を請け負う会社に委託した方がよっぽど効率的である。新型コロナウイルス感染症対策が最優先だとしても、それ以外の政策を止めてよいわけではないし、むしろ新型コロナウイルス感染症はあらゆる政策分野に新しい課題への対応を突きつけているのだから、そういう本業中の本業に官僚が力を注ぎ、民間企業へ委託できることは委託すべきだ。

同じようなことは、助成金の支給事務でも生じている。申請を受け付ける現場がパンクすると、審査業務を本省に引き上げて会議室に大量の職員を集めて審査を必死に進める。応援職員を出した部署も仕事が回らなくなる。持続化給付金の外部委託の問題が指摘されている。税金を使っているのだから委託の金額が適切だったか、再委託などに問題がないかという検証は当然必要だろう。しかし、持続化給付金の支給など経済産業省が普段やっていない仕事で、かつ定型的な業務なのだから、外注によりマンパワーを確保するのが最も早く支給できる方法なのは間違いない。

厚労省の助成金の申請数も処理不能なほど増えたが、外部委託ではなく臨時職員の雇用により対応している。大量の臨時職員を急いで雇用するためには、募集、採用、教育、給与支給など大量の臨時雇用に伴う様々な仕事が発生するので、決して効率的ではない。早く支援を届けてほしいという国民のことを考えたら、やはり委託が正解だ。

本来、本省が果たさなければならない機能は、国会議員、メディア、現場、何より国民の声に耳を傾け、制度の改善をしていく企画立案の仕事だ。本省の官僚がコールセンター業務や助成金の執行事務に大量に手をとられては、制度改善のサイクルが全く回らなくなる。これは実際に、新型コロナウイルス感染症対策の最中に起こったことだ。

新型コロナウイルス感染症対策で急増した業務に対応できなくなってしまったが、既に霞が関は人手不足にあえいでいるのだから、平時から極力定型的な業務は外部委託して、本来求められる政策の企画立案にリソースを割けるようにすべきだ。例えば、会議の設営、調査、各種政策パッケージのフォローアップ作業など、官僚の専門性がなくてもできる仕事は無数にある。

①そもそも必要な業務か（質問主意書の青枠や答弁書のコピーのような、不要な業務はそもそも廃止すべきだ）、②必要だとして人力でやるのが最適な手段か（まずはシステムの活用など、人力でないやり方を検討すべきだ）、③人力でやるとして直接実施するか外注するか（官僚の専門性がなくても実施できることは、徹底的に外注すべきだ）、こうした検証を徹底的に行うべきだ。

7. 国家公務員の兼業推進（制度のユーザーサイドの経験）

一般に、業務改善に消極的なのは年輩の職員ではあるが、霞が関の場合、若手職員でも民間で導入されている最新の業務のやり方に疎いことが多い。例えば、テレビ会議も、新型コロナウイルス感染症が流行するまで、若手を含めてやり方を知らない職員が多かった。霞が関ではこういうものを使わなかったし、あまりに長時間労働で仕事以外の活動時間がほとんどないので、利用する機会がないのだ。僕自身は、新しいツールを使う外部の人と交流したり、一緒に何かをやる機会が多かったので、厚労省時代からプライベートでテレビ会議をやった経験があったが、それでも仕事の中で使ったのは小泉進次郎議員の、議員レクはテレビ会議でやれという指示を受けて、19年夏に仕組みを作った時が初めてだった。

官僚には、もっと霞が関以外での経験を持たせた方がよい。例えば、国家公務員には近年NPOなどとの兼業が認められるようになった。兼業といっても役所の仕事に穴を空けないようにしながらなので、コミュニケーションはビジネスツールやテレビ会議を活用したリモートでの対応が中心だ。こうやって、新しい仕事の仕方をする外部の組織と一緒に仕事をすることで、霞が関では導入されていない新しい手法を経験することができる。一度経験してしまえば、すぐに慣れるし便利さにも気づくのだ。

業務効率化の方法に触れるということは兼業の副次的効果だ。より重要なのは制度を使う側の立場で政策や役所を見つめる経験だ。霞が関で決めたことが、どのように民間や現場に影響を与えるのかをつかむことができるし、役所の情報発信がいかに分かりにくいかということにも気づくだろう。

役所の仕事をしながら兼業するのではなく、民間企業やＮＰＯなどに完全に出向する官民交流、役所側が給料を負担して出向させる研修といった手法も用意されている。役所の仕事を離れる官民交流は、なかなか出向させる人員の余裕がないので限られた人しか経験できない。ＮＰＯとの兼業も希望する若手はたくさんいるが、毎日深夜まで働いているので物理的に不可能という人も多い。

僕が、霞が関の働き方改革を求める大きな理由の一つは、組織の人員体制や個々の職員の労働時間に余裕を持たせて、もっと霞が関の外の世界を見る機会を持ってほしいということだ。それが、政策立案能力を大幅に上げることになる。霞が関が真に国民の役に立つ仕事ができる組織になるためには、必要不可欠なことだ。

この点、昔の官僚は接待漬けだったり、様々な余計な役得があったりといった問題があったけれども、国家公務員倫理法もなかったし、仕事にも相当余裕があったので、今の官僚よりはるかに民間や現場のことを知っていたと思う。クリーンな形で民間との交流を取り戻さなくては、よい政策は絶対につくれないのだ。

8．民間とのパートナーシップ（新しい課題に対応するための外部委託）

６．では、効率化のための外注について触れた。別の文脈でも民間委託が非常に重要だ。社会の変化に応じて、これまでに組織に積み上がってきたノウハウだけでは対応できない仕事がどんどん増えている。おそらく民間企業でもそうだろうが、霞が関も同じだ。例えば、行政の情報政策、医療情報の連携、ＡＩの活用、新しい技術に対応した適切な規制の創出、グローバル化への対応、国民に分かりやすく政策や行政情報を伝える広報、もちろん新しい感染症への対応もそうだろう。

こういう新しい仕事は、霞が関には詳しい人が少ない。また、伝統的な仕事は経験の長い幹部ほど正しい判断をできる可能性が高いが、新しい仕事はむしろ幹部ほど適切な判断ができない。通常の役所の意思決定プロセスで仕事をすると、判断を誤るおそれすらある。

民間の知見を取り入れるために、民間企業からの中途採用、官僚を辞めて民間企業で経験を積んだ職員の再任用、ＮＰＯの人に週一回非常勤で来てもらう「週一官僚」といった取組みも徐々に進んでいる。それはそれで進めたらよいと思うけれど、僕はもう少しプロジェクトごとに民間企業や団体とのパートナーシップを進めていってはどうかと思う。その時々の新しい課題に対応できるように、柔軟に民間企業や団体と委託契約を結んでプロジェクトを作っていく方が、圧倒的に外部のノウハウは活用しやすい。

優秀な民間の人を職員として何人か組み込んでも、役所の仕事の仕方や組織が分からないので、どうしても役所のやり方に従う形になってしまい、民間の力は発揮されにくい。組織と組織の契約で対等に対話をしながら進めていく方が、政策づくりと意思決定プロセスのプロである官僚と、新しい技術やノウハウを持った民間の専門性を融合させて効果的な政策をつくっていくことができるだろう。民間企業のように思い切って、外部の企業とチームを組んで進めるべきだと僕は思う。コンサルティングの形態もあるし、業務提携のような形もあるだろう。費用はかかるが、多くの人が影響を受ける国の政策をつくるのだから、日本一のチームを作って進めるべきだろう。お金をかけずに素人集団が作るのでは、安かろう悪かろうになるのは目に見えている。

注意すべきは、単に外部委託すると、丸投げになってしまうことだ。役所の仕事の仕方や意思決定のルールも熟知していて、民間企業やその業界を理解している人材が（この人材が役所側にいてもよいし、民間企業側にいてもよい）両者を翻訳し橋渡しをしないとうまくいかない。民間から霞が関に出向した経験を持つ人でもよいし、霞が関から民間に移った人でもよいが、こういう人材がこれから非常に重要になってくる。

9．官僚自身の意識改革（労働生産性の向上に向けて）

これまで述べたような仕組みの改善に加えて、官僚自身の意識改革も重要だ。僕の感覚では、サボっていたり、ダラダラ長時間仕事をしている職員は随分少なくなってきたように思う。総じて一生懸命仕事をしている職員が多いと思うが、一生懸命の意味合いが少々問題だ。アウトプットの最大化は当然必要だが、組織経営の観点では、本来は時間当たりのアウトプットの最大化が重要だ。霞が関の場合はその感覚が非常に乏しい。

霞が関で是とされるのは、アウトプットの最大化の方だ。国会議員に説明したり、他省庁と交渉するための資料を作る際も、どれだけ少ない時間で十分説得力のある資料を作るかよりも、少しでも完成度の高い資料を作るということを意識しがちなのだ。幹部から「最後の15秒までつめろ（突き詰めて考えろ）」というような指示が飛ぶこともある。夕方や夜の会議で「明日の朝までに調べて持ってこい」という指示を出すことに抵抗感もない。職員の人件費（残業代）は最初から予算で決まっていて、どんなに働かせても人件費が増えるわけではない。また、アウトプットもどれだけ収益が上がるかという、投入した労働コストと比較する明確な物差しもない。経営者からすると、定員管理があるので勝手に職員の数は増やせないが、一人当たりの労働投入量（労働時間）を増やすことには何の制約もない環境だ。

僕自身も、官僚時代に一生懸命仕事をしてきたつもりだが、やはりアウトプットの最大化を求めていたように思う。寝ても覚めても仕事のことを考えていたし、アウトプットへのこだわりが強かったから、部下や後輩たちにも同じようなクオリティを求めていたと思う。自分自身が楽しく仕事をしていたし、よいことは素直にやろうと思っていたので、「一緒に仕事をして楽しい」と思ってついてきてくれた同僚や後輩たちも多かったと思うけれど、その分彼らは楽ではなかったと思う。同僚や後輩たちからは「仕事が趣味」とか、「なんで、そんな夜中まで楽しそうに仕事してるんですか」と言われたこともある。

しかし、自分で会社を作って経営するようになってから大きく意識が変わった。有償無償にかかわらず僕に何かを頼んでくる人はたくさんいるし、社会的に意義があると思えば応えたいという気持ちもある。しかし、労働時間当たりの処理能力や単価を意識せずに、求められるままに対応していると、やたらと忙しくなる一方で収入は増えず、会社の経営も立ちゆかなくなるし、自分自身も体を壊すかもしれない。だから、作業時間の見込みを正確に立てて極力効率化し、それぞれの活動がどのくらいの売上げになるかということは強く意識せざるを得ない。自分の作業時間も15分刻みで細かく管理し、最も少ない時間で処理する工夫をするようになった。

僕が変わったのは、役所の非効率な文化に染まっていた意識を自ら改めたというより、環境がそう変えさせたのだ。時間当たりの生産性を意識しないと、経営も生活も成り立たない立場になったということだ。もう一つ大きいのは、役所時代のように自分がやっていることに対して、第三者がやっているそばから横槍を入れてくることがなくなったから、自分の時間を自分で管理できる環境になったということだ。

霞が関で働く人には、この自分の時間の使い方を自分で決める環境がない。常に意思決定権者（大臣や国会議員）から、「すぐに説明に来い」「これを調べろ」「直せ」という指示が、作業している人間の予定などおかまいなしに降ってくる。こうした環境を変えることと、意識改革をセットでやらないといけない。

10. 霞が関全体の人員配置の適正化と柔軟化

霞が関の働き方が過酷だという報道は、19年頃から増えているように思う。危機感を共有して下さる方々の中には、公務員を増やした方がよいと言う人もいる。僕自身も、現状の業務と人員のバランスは著しく悪いと思う。ただ、公務員を増やすことは人件費が増えるので、前提として最大限の効率化が必要だと考えている。このため、これまでどのような効率化が必要かを述べてきた。

これに加えて、もう一つ公務員を増やす前にやらないといけないことがある。人員配置の適正化だ。厚労省は、新型コロナウイルス感染症対応のために、他の部局や外部への出向先から大量に応援職員を集めた。さらに、各省からも応援職員が入った。厚労省のコロナ対策本部には、最大で500人程度の職員が配置された。厚労省本省の定員は約4000人だから、どれだけ業務が激増したかうかがい知れる。

日本の官僚組織は、入り口で特定の省に採用されて、その省が職員の人事を握る仕組みになっている。このことの是非にも色々な意見はあるが、いずれにしても省ごと、部局ごとに定員（職員数）が定められている。緊急事態には、定員を超えてもっと柔軟かつ迅速に他省から応援を集めるべきだろう。新型コロナウイルス感染症の対応は、厚労省がメインだが、今後他の省にも国家的な課題が起こることはあり得る。相互の応援をもっと柔軟にすべきだ。

また、平時の各省の定員が、業務量に比して妥当なのかという課題もある。歴史をさかのぼれば、昭和の高度経済成長の右肩上がりの時代には、霞が関も仕事と人員が増えていった。しかし、昭和40年代後半のオイルショックによる高度経済成長の終焉を境に行政改革が始まった。定員削減とスクラップ・アンド・ビルドだ。一つ課を作る場合は、一つ課を減らさなくてはならなくなった。行政の肥大化を防止するためにこういう考え方は必要だと思うが、これを省庁ごとにやることの弊害が大きい。

つまり、昭和50年頃までに忙しかった省庁には戦力が温存され、それ以降に忙しくなった省庁はどうしても人員不足になる構図だ。厚労省は昭和50年以降に忙しくなった役所の代表だ。高度経済成長期には、ちゃんと仕事をしていれば概ね給料が上がっていく時代だし、失業率も低い。少子高齢化の問題もまだ顕在化していなかった。家族の規模も大きく、終身雇用の中で企業の福祉は充実し、地域のつながりも強かった時代だから、ちょっとした困りごとは行政が出て行かなくても、支え合いで何とかなっていた時代だ。要するに、厚労省が手を差し伸べないといけない「困っている人」があまり多くない時代であり、政策需要は今よりはるかに小さかったのだ。その後の少子高齢化の進行や経済の停滞、家族機能の低下や地域のつながりの希薄化などにより、加速度的に政策需要が大きくなっている。省庁ごとの定員は、前年度ベースで増減を決めているが、それは既に実態に合わなくなっているのだから、一度現在の業務量と人員が合っているのか、ゼロベースで検証すべきだ。

なお、厚労省がキャパシティをオーバーしていることを理由に、分割すべきだということを言う人が時々いるが、省庁の分割とキャパシティオーバーの問題は別の話だ。むしろ、人を増やさずに組織を分割すれば、管理部門が複数必要になり、ますます人手不足になる。コロナ禍も、2001年に合併した厚労省だから、旧労働省の部局からも迅速に大量の応援が入ったわけで、これが旧厚生省だけだったら即アウトだっただろう。今の霞が関の省庁の区分がベストかどうかは、業務過多とは別に、政策の連携の観点、大臣の守備範囲の問題、官僚の育成やキャリアなど、多様な観点を踏まえて、検討されるべきだ。

まずは、仕事のやり方や働き方の効率化と人員配置の適正化、さらには外部委託の推進による民間の力の活用の徹底とともに、緊急事態発生時の柔軟かつ迅速な応援の仕組みの創設、各省の人員配置のゼロベースでの見直しを行うべきだ。その上で、公務員を増やす必要があるかどうかについて検討すべきだ。

第7章　本当に国会を国民のために動かす方法

～永田町への10の提言～

国会の改革

役所の徹底的な改革は必須だが、霞が関は自律的に意思決定する権限がないので、他律的業務が非常に多い。職員の労力が最も割かれるのが国会対応だ。国会の行政監視機能や意見集約機能を高めるためにも、国会議員と官僚の生産性向上のためにも、国会運営や国会議員の仕事自体も抜本的な改革が必要だ。

1．委員会日程の決定と質問通告時刻の早期化・見える化

霞が関の官僚の時間を極端に奪うのが国会質疑の対応だ。充実した審議のために事前の質問通告が必要なことは既に述べた。答弁の作成業務にかかる労力もさることながら、いつ発生するか当日にならないと分からない環境が、外部との交流や家庭で過ごす時間

を阻んでいる。

国会の質問通告は各国でも行われているが、前日の夜になるのは日本だけだ。要因は二つある。一つは、個々の国会議員の質問準備が遅いために、質問通告が前日の夜になってしまうという、議員本人の仕事の優先順位付けの問題。もう一つは、そもそも委員会の開催が決まるのが直前で、個々の国会議員が努力してもそもそも早期に質問通告をできない、という委員会日程の問題。

国会議員の立場に立っても、突然「明後日の審議で質問に立ってくれ」と言われたりするのだ。どんな仕事でも、事前にいつ何をやるか明確になってはじめて効率的な作業が可能になる。国会の日程も本来は事前に決めるべきだ。例えば、通常国会は1月に召集され150日間開催されるが、国会の前半にその国会でどの法案を審議するかは明らかになっている。審議日程をあらかじめ決めておいて、各党において○月○日の○○法案の質問は○○議員の担当と決めておけば、国会議員も「この法案は自分の仕事」ということが事前に明確に分かり、あらかじめ準備ができるし、法案について様々な人の意見を聞く時間も確保できる。国会議員に働きかけたい民間の人も計画的に意見を届けやすくなる。

僕の経験でも、国会議員の審議への準備不足には頻繁に直面した。法案審議直前に急に質問に立てと先輩議員に指示されて困った国会議員が、法案の内容とどんな質問をすればよいか教えてほしい、と直前に依頼してきたこともある。仕方ないので、法案の説明の際に質問案のたたき台を作って議員のところに行くわけだ。

別のケースでは、審議前日の21時に質問を教えるから来いと言われて、議員事務所に出向いたら、1時間くらい待たされ、ようやく事務所に戻ってきた国会議員が法案のことをほとんど知らず、質問するポイントも整理できていないので、説明や議論をしながら質問を固めていったこともある。結局終わったのは24時近くになり、終電間際の丸ノ内線で議員会館から厚労省に戻って、それから答弁を作った。

19時台に質問取りレクをしても、質問を聴き取ってきた課長補佐が職場に戻って答弁作成しているそばから、何度も追加で電話がかかってきて、結局その国会議員が寝るまでやりとりが続いて24時くらいまで質問が固まらないこともある。この議員が質問に立つ時はいつもそうだった。

委員会日程をあらかじめ決めておくことは、充実した国会審議のためにも、国会議員がその機能をしっかり果たすためにも、霞が関に効率的に仕事をさせるためにも必須なのである。なぜ、直前まで決まらないかというと、今の政治過程の中で、国会の審議スケジュール自体が与野党の駆け引きの材料そのものだからだ。読者の皆さんも日程闘争という言葉を聞いたことがあるだろう。

法案が閣議決定されて国会に提出する前に、与党の事前審査を経て了解を得ることが慣例になっている。これは55年体制でき上がったもので、与党と政府の方針をすりあわせる場になっている。政府が法案を作成した後、与党の政務調査会部会、政策審議会、総務会という三段階の会議で議論をして了承されるのだが、その過程で与党の議員の意見を取り入れるために法案を修正することもある。言いたいことがある与党の議員は部会などに出席して意見を言う。これにより法案を提出する段階で与党の議員は了承していることになるので、党議拘束がかけられ与党の全議員が賛成することがあらかじめ決まっている。つまり、内閣提出法案は国会に提出した時点で、ほぼ可決することが決まっているのである。

法案に反対の野党はどうするかというと、なるべく審議を引き延ばして廃案か継続審議に持ち込むことになる。「法案審議をするための資料が役所から出てきていないので、審議に応じられない」とか「十分な議論が終わっていないので、採決することに応じられない」とか、場合によっては「この内閣が出してきた法案の審議には応じられない」といって内閣不信任案や大臣の問責決議案を提出して、審議や採決を先送りしていく。そうやって引き延ばしていくと、与党が成立させたい法案のうち成立する法案の数が少なくなるのだ。

いつどの法案の審議をしていつ採決をするか、そしてその次の委員会では何の審議をするかという国会の審議日程を事前に決めることは、野党の立場に立つと政府・与党の政策が実現していくのを最初から認めることになるので応じるのが難しい。審議・採決日程を予め決めるためには、野党の少数意見が取り入れられやすくなるような譲歩を与党側がしないと話がまとまらない。例えば、与党の国会議員の意見だけが法案に反映される今の事前審査制を少し弱めて、国会に提出した後も野党からの法案の修正などの提案を受け入れるための協議の場を作るなどの譲歩が必要になる。それは、与党にとっては権力を手放すことにつながるので応じたくない。だから、与党も野党も今のやり方が不毛と思っても日程闘争政治を変えにくい。

昭和のパワーバランスの均衡点が変えられないのだが、日程闘争政治は本当に国民にとってよいことなのだろうか。このやり方ができ上がった時代には一定の合理性もあったのかもしれない。しかし、今は国民の生活も意見も多様化しているし、審議会や族議員を媒介とした中間組織を通じた意見集約機能も落ちている。政府や与党が気づかない幅広い意見を政策に取り入れることをしていかなければ、多くの国民が納得する政策は作れない。日程で勝負するのではなく、野党の少数意見を聞きながら、最終的には世論の動向を見つつ意思決定していくことが、よい政策を作っていくためには大事だろう。こうした仕組みができれば、野党側も何でも反対して審議日程を引き延ばそうとする戦略から、少しでも政策に取り入れられるような建設的な提案をしようという戦略に変わるはずだ。国民も政策で支持政党を選ぶことができるようになる。

　こうした改革について、議院運営委員会にワーキングチームを作るなど、各党の代表者を集めた議論の場を作って検討を進めてほしい。国会審議日程をあらかじめ決めるように運営してこそ、与野党の申合せである原則2日前の正午の通告期限のルールが守られるようになる。

　それに向けた議論がまとまるまでの間は、各委員会の開催が決められた日時と、個々の国会議員の質問通告日時を、衆議院又は参議院の委員部で公表すべきだ。この情報により、審議日程が決まるのが遅いのが問題なのか、個々の議員の質問作成の準備が遅いのが問題なのかが分かるようになるので、議論の材料にもなる。また、日時公表されるとなれば、なるべく委員会日程を早めに決めようという力学が働くし、個々の議員もなるべく早く通告するよう努力するはずだ。これはルールを変える話ではなく、今やっている仕事を可視化するだけなので直ちに実現できる。

質問通告を前日の夜にするということは、官僚の無駄な深夜残業やタクシー代の支出をもたらすのだから、コストを見える化する観点からも反対する理由はないはずだ。審議の議事録は全てＨＰ上で公開されているので、国民やメディアも、質問内容とコストの関係が分かるようになる。

2. 質問主意書のルール見直し

若手が最も業務負荷を感じているのが、質問主意書だ。

国会議員の質問は、本会議や各委員会などで口頭で行われるのが基本だが、審議時間が限られているので、委員会などで質問できなかった議員の質問する権利を確保するために、国会法という法律に質問主意書という制度は位置づけられている。国会の行政監視機能などを確保するためにも大切な制度だ。

しかし、この質問主意書の現状は、霞が関に尋常ではない負担を強いる割に、あまりその機能が果たされているようには思えない。

一番大きな問題は、国会法第75条第2項に「内閣は、質問主意書を受け取った日から七日以内に答弁をしなければならない」と規定されていることだ。「内閣は」と「七日以内」が問題だ。国会での口頭の審議を補完するための制度であるが、国会では大臣などが答弁する一方で、質問主意書は内閣が答弁主体になっており、閣議決定をすることになっている。内閣というのは「首長たる内閣総理大臣及びその他の国務大臣でこれを組織する」と日本国憲法第66条第1項に定められており、総理大臣と各省の大臣で構成される合議制の機関で政府の最高意思決定機関だ。内閣の意思決定は閣議でなされるが、閣議決定があろうとなかろうと、答弁する内容には大差はないのだ。厚生労働委員会で、厚生労働大臣が内閣の方針と異なる答弁をすることがないのと同じだ。

もし、うっかり内閣の方針と異なることを各省の大臣が答弁したら、国会審議で行っているのと同様に「閣内不一致」だと野党が追及するネタになる。閣議決定を要求していることは、厳密な答弁審査や各省協議を行うことにつながり、内閣法制局で過去の答弁との整合性が取れているかを一言一句確認されるし、政府の公式見解から一歩も踏み出さない、なんの新味も面白みもない答弁ができ上がる。

僕は、質問主意書の答弁主体を各省大臣とすることによって、よりクリエイティビティのある、また野党からするとツッコミどころのある答弁が出てくる可能性も高まるし、官僚の無駄な作業や異常な業務負担も減らすことができると考えている。

また、その上で七日以内という期限が適切かどうか検討の余地がある。この七日間は営業日ではなく、土日も含めた七日間なのだ。各省大臣が答弁する前提であれば、手続も簡素になるので七日以内でもよいのかもしれない。イギリスの国会でも文書質問という制度があるが、答弁者は各省大臣だ。国会での審議の補完という制度趣旨からしても、一人当たりの国会議員の提出本数の制限を設けることも検討課題と思う。一人で数十本の質問を出してくるケースもあるし、中には首相官邸に幽霊は出るのかとか、過去に「セクシー」と発言した大臣はいるのかといった、意義に疑問を感じるようなものもある。本数をしぼることで質問する側も質問の質を精査して提出することになるし、受ける側の過剰な負担も減るはずだ。

さらに、質問主意書は答弁書を大量にコピーして、若手が自転車で議員事務所などに配達するという無駄な作業が発生しているが、質問主意書の質問も答弁も衆議院又は参

図４　質問主意書のスケジュール

月	仮転送				
火		仮転送			
水			仮転送		
木				仮転送	
金					仮転送

（翌週）

月	正式転送	正式転送	正式転送		
火					
水	閣議請議	閣議請議	閣議請議	正式転送	正式転送
木					
金	閣議・ 答弁書配布	閣議・ 答弁書配布	閣議・ 答弁書配布	閣議請議	閣議請議

（翌々週）

月	答弁書期限	答弁書期限	答弁書期限		
火				閣議・ 答弁書配布	閣議・ 答弁書配布
水				答弁書期限	答弁書期限
木					
金					

・仮転送＝議員の提出日。正式転送を待たずに作業開始
・正式転送＝国会から内閣への正式転送日。
　ここから７日以内に閣議決定
・閣議請議＝閣議への案件登録期限。閣議の２営業日前の正午。
　実際にはこの日の前日までに政府内関係機関との調整を終えて
　答弁書を完成させる
・閣議＝内閣の意思決定のための会議。毎週火曜と金曜が定例

※水曜と金曜に届く質問主意書は、特に作業時間が短くなる

議院のHPで公表されている。受け取った側もほとんど読まずにゴミ箱に捨てるのだから、このような旧態依然とした慣行は紙や労力の無駄遣い以外の何物でもない。すぐに廃止すべきだ。

3．公務と関係ない発注の禁止

国会議員と官僚の関係は重要な取引先と下請けのような関係だということを第5章で述べた。官僚たちが作っている法律案や予算案といった商品を世に出せるかどうかの決定権を持っているのは国会議員たちだからだ。当然、国会議員の方が強い立場になるが、それゆえに色々なお願いを聞かないといけない場面がある。

別に、無理な口利きを強要するとかそういうことではない。NHK NEWS WEBの「霞が関のリアル」という官僚の働き方を特集したシリーズでは、国会議員に頼まれて支持者の子どもの夏休みの宿題を官僚がやったという話が掲載されていた。僕自身は、そこまでひどいことは経験したことがないが、国会議員が地元のイベントで挨拶するので挨拶文を作ってくれとか、講演するので資料を作って説明に来いとか、討論番組に出演するので想定問答を作ってくれ、とかそういった類いの依頼は日常茶飯事だ。

そういった依頼は、国会連絡室という国会との窓口となっている部署を通じて正式なルートで来るし、僕も入省した時から仕事だと思って対応してきた。数年前に国会対応業務の司令塔役をやっていた頃のこと、議員のスピーチ原稿を作った若手が僕のところに審査を受けに来た。同じ地元のイベントに二人の与党議員が出席する予定で、二人ともスピーチ原稿を依頼してきたのだ。依頼のタイミングが少しずれていたので、一人目のスピーチ原稿を審査して完成させた翌日か翌々日、二人目のスピーチ原稿を別の若手が持ってきた。内容がほとんど同じだったので、「あれ？　このスピーチ原稿、最近見た気がするな」と思って確認すると、同じイベントに出席する国会議員のものだということに気づいた。「同じイベントで二人の国会議員が同じスピーチをしたら、二人目が恥をかくだろう。ちょっとは気をつかえ」と僕は指摘したのだけど、若手から「これって、役所がやる仕事なんですか？」と言われてハッとした。

確かにそのとおりだ。大臣や総理大臣などが省や政府を代表して出席するイベントでのスピーチ原稿を部下の官僚が書くのは当然だが、国会議員のスピーチ原稿を書くのは本来秘書の仕事だ。政策について説明を求められれば、担当の官僚が説明をするのは当然だが、議員としての活動のスピーチ原稿や講演資料などは議員のスタッフや政党の仕事だろう。衆参両院には調査室という議員が活用できるシンクタンクもある。

これも昭和から続く与党と政府の関係性の問題だろうが、そろそろ見直してはどうか。官僚の労働力は税金そのものといってもよいのだから、本来の公務に専念させるべきだし、与党だけが活用できるのも公平性に欠けるだろう。野党は、そもそも政府とスタンスや主張が異なるので、スピーチ原稿などを依頼してくることはまずない。

4．議員立法は執行体制もセットで

毎年、国会では50から100本程度の法律が作られているが、その2割弱が議員立法だ。議員立法そのものは、当然国会の本来の役割であるし歓迎すべきことだ。例えば、○○基本法といった社会全体で取組みを進めるための理念法や、クローン技術の応用や脳死状態での臓器移植をどこまで認めるか、といった生命倫理に関わるもの、児童虐待防止法やDV防止法といった、家族関係に公権力がどこまで踏み込むかといった家族観に関わるようなものは、論理的に答えが出にくく、国民の価値観にもかかわるので、国民の負託を受けた国会議員が話し合って決める議員立法になじむ。

議員立法について、あまり知られていない問題を指摘したい。特に、基本法を定める場合だ。基本法というのは、国民の権利義務に直接関係がなく、政府全体あるいは地方公共団体や社会全体を含めて取組みを進めていこうという内容だからあまり反対は出ないし、それを進めたい各党の議員が集まればだいたいでき上がるのだけど、議員立法を受けて○○基本方針とか○○計画といった閣議決定を作ることになっていたり、地方自治体に計画の策定を求めたり、審議会で政策のフォローアップを求めるような内容が盛り込まれることが多い。つまり、霞が関にも地方自治体にも仕事が発生するのだ。しかし、増員がセットで行われることはまれだ。職員を増やさずに仕事を増やせば、仕事が回らなくなる。つまり、法律を作っただけで政策は進まないということが起こるのだ。実際に社会が前に進むために法律を作っているのだから、執行体制をセットで整えないと実効性のないものになってしまう。議員立法を作る際には、ぜひ役所の業務増を勘案して必要な人員の整備も合わせて議論していただきたい。

5. 議論の場の効率的な設定（会議の乱立、個別レクの見直し）

政府の仕事は税金を使うものだし、ルール作りはビジネスや国民生活に大きく影響を与える。霞が関だけでものを決めると、気づかない視点もあるし、一部の人がすごく不都合を強いられるおそれもある。非効率な税金の使い方をするかもしれない。国会議員は行政をチェックしつつ、幅広く議論をして政策をよりよいものにしていかなくてはならない。この議論の場の設定についても大いに工夫の余地がある。

コロナ禍では、平時から日本が抱えるあらゆる問題が色濃く表に出てきたと思うが、国民の関心の高まるイシューほど、非効率な議論のやり方が足かせになる。

国会では、予算委員会や感染症対策や医療を所管する厚生労働委員会はもちろん、あらゆる委員会でコロナの質問が連日出された。2020年4月3日の衆議院厚生労働委員会の質疑の中で、2月、3月の厚労省が対応した国会質問の数が明らかにされた。2月の1日平均の対応は、1・9委員会、のべ質疑者は9・6人。3月の1日の平均の対応は、4・9委員会、のべ質疑者17・4人だった。質疑者数、のべ答弁者数、質問数が最も多かった日については、2月は2月25日で、質疑者51人、のべ答弁者99人、質問数342問、3月は3月18日で、質疑者53人、のべ答弁者120人、質問数280問だった。厚労省のコロナ本部では、国会対応のために連日他部署や他省庁から数十名の応援職員が集められて徹夜で対応していた。これは、長年官僚として国会対応業務をやってきた僕から見ても、一つの役所がさばききれる限界を超えた異常な量だ。

国会で連日議論しているだけでなく、政党の会議も毎日のように開催された。①政党ごとの会議、②野党合同ヒアリング、③政府・与野党協議会だ。多い時期は、1日に三つ程度の会議（例えば与党の会議一つと野党の会議二つ）が開催される。それぞれ、手分けして同じ説明をしにいく。会議では、〇〇の数字を出せなどの宿題が出されるので、またその対応にも人員が割かれる。会議の主要なメンバーの議員には事前説明も求められる。

さらに、国会や各政党の会議に加えて、個別の議員からの問合せも連日大量に届く。いわゆる「議員レク」や「資料要求」だ。中には、役所のHPに掲載されているQ＆Aを見れば分かるものも多い。地元から国会議員の事務所に届く問合せなどが役所に転送されてくるのだ。

これでは官僚たちが「ご説明」ばかりに手を取られて、検査体制の整備や医療提供体制の確保、必要な物資の確保、保健所や医療現場とのコミュニケーション、対策の検討といった一番重要な感染症対策そのものに割ける人員が著しく不足する。僕のところにも、「死ぬほど頑張っているのに、全く前に進んでいかない」と悲鳴がいくつも届いた。

議論は大切であるが、国民の命と健康と生活を守るのが目的なのだから、対応が滞ってしまうのでは本末転倒だ。平時から非効率な議論のやり方をしていることが、緊急時の対応を止めてしまう構造になっている。

さすがに、与党も野党もこの状態を改善しようと、厚労省への質問は極力厚生労働委員会と全体を議論する予算委員会などに集約すること、個別の国会議員のレク要求は最小限にとどめるとともに、政党の国会対策委員会で一度チェックをするなどの方針を決めて所属議員に指示を出した。緊急事態にかんがみた、国民生活を守るための各政党の英断だと心から敬意を表したいと思うが、平時からもっと効率的な議論のやり方を追求していただきたい。

政党の会議は極力まとめることが望ましいし、少なくとも野党合同ヒアリングをやりながら、個別の政党でもヒアリングするのは非効率だと思う。個別議員のレク要求や資料要求は政党で集約することも有効だろう。あるいは衆議院や参議院の調査室に集約することもできるだろう。もちろん、問合せが多い背景には役所の情報発信が分かりにくいという課題もあるので、併せて役所も今まで以上に分かりやすく迅速な情報提供をする必要がある。これは、国民の利便性向上にもつながるのだから、民間のノウハウを活用するなど多少コストをかけてもよいはずだ。

6．国会、政党の会議や議員レクの対応者の柔軟な設定

委員会での審議、政党の会議、議員レクについて、極力集約すべきということに加えて、その会議に誰が出席するかということも重要な要素だ。霞が関用語では対応者レベルという。会議に出席する職員のランクのことだ。議論するテーマとなる政策分野の官僚の責任者は局長なので、局長が出席できればベストであるが、忙しい時は局長の予定も重なる。

局長が出てこないと怒る国会議員もいるが、役所が内容をちゃんと責任を持って説明することを前提とした上で、審議官や課長がトップで出席することも認めるのが、充実した議論と実務の効率性を両立するためには必要だ。

正式な国会での答弁は原則、大臣、副大臣、政務官の政務三役（政治家の幹部）が対応し、質問者が認めた場合は局長などの官僚が答弁できるが、官僚の出席を認めない質問者もいる。事実関係や細かい数字などの質問については実務に詳しい局長が答え、政治家はスタンスや政策の方針をしっかり答えるという役割分担にした方が充実した審議につながると思う。テレビ中継される国会審議で総理大臣や大臣に対して細かいクイズ

のような質問をして、答えられない姿が映されることがある。総理や大臣の資質が乏しい印象が出るからだ。面白い場面だから、そういうやりとりがニュースで切り取られる場合もある。

別に、今の野党が悪いと言いたいのではない。自民党が野党の時も同様のことはあった。どの党が政権をとろうと野党になろうと、充実した政策の議論を国会で行うためには、政府参考人（局長などの役人）の登録を質問者は認めるべきだろう。大臣が答えるべき質問の時は、委員長が責任を持って大臣を指名すればよい。政治家同士の骨太な政策の議論をするために、官僚が答弁する政府委員制度を廃止したのに、細かいことを答えられない大臣のあらを探して、恥ずかしい場面をテレビカメラに撮らせることに使われては意味がない。

個別の国会議員のレクについては、役所側では厳密なルールはないが、議員のランク（役職や当選回数）に合わせて説明者の官僚の役職レベルも決めている。大臣経験者なら局長が対応するといった具合だ。議員の側からレクの依頼紙に課長が来いなどと役職者を指定してくるケースもあるが、責任を持って説明できる限り対応者のレベルは柔軟に認めるべきと思う。

7. コミュニケーションのオンライン化

コロナ禍で、永田町でも、各省庁でもあの期間にテレワークやテレビ会議を活用した国会議員が出てきた。

永田町のオンライン化は、国民には関係のない話のように思うかもしれないが、実は社会全体への影響は大きい。コミュニケーションの仕方は「偉い人」に合わせるからだ。官僚は国会議員に合わせるし、大企業は政府に合わせる。下請け企業は元請企業に合わせる（政治家が官僚より偉いとか、役所が企業より偉いとか、僕の感覚ではばかばかしい話だが、世の中はまだまだそういう前提で動いている）。だから、偉い（とされている）人のコミュニケーションの仕方が変われば、社会全体が変わりやすくなる。

コロナ禍で各省も職員のテレワークを進めた。省庁ごとに、出勤を5割減、7割減と目標を決めて取り組んでいた。ところが、テレワークをしている職員が、急遽国会議員からレクを求められて慌てて出勤するというケースもあったという。あるいは、国会対応があるから最初から出勤せざるを得ないケースもあった。企業でいえば重要な取引先にいつ呼び出されるか分からないので、職場に出勤していないといけない状況だ。

これを機に、国会議員が官僚を呼ぶ時も原則テレビ会議とすべきだし、霞が関が企業の話を聞く時も同様で、いちいち呼びつけるのは止めた方がいい。地方の企業が省庁との会議のためにわざわざ東京に出張してくる時間的・金銭的コストも効率化できる。東京への一極集中是正にもつながるだろう。世の中がオンライン化している中で、永田町・霞が関だけ対面を原則とするのは、外部へのマイナスも大きいのだ。

また、国会議員自身にとっても、地元と東京の往復は大きなコストだ。次の選挙を気にして地元の活動を増やせば増やすほど政策を勉強する時間がとれないし、東京にばかりいては選挙に落ちてしまう。東京にいても地元の支援者などとオンラインで頻繁に話をすれば地元の実態も把握できるし、逆に地元にいても、他の国会議員や霞が関とコミュニケーションをとるようになれば、政治活動と政策作りを両立しやすくなるだろう。

8. 国会の入館証の大幅な増加

繰り返し述べてきたように、官僚の仕事の中で国会議員とのコミュニケーションは大きなウェイトを占める。日常的に国会議事堂や、全ての国会議員の事務所が入っている議員会館という建物を訪れる。これらの建物は当然のことながらセキュリティが厳しく、入館の際にはその都度、申請書を書いて、セキュリティチェックを受けなければならない。用務先と入館窓口が離れていることもあるので、この手続きや移動にかなり時間をロスしている。

一部の幹部職員には、この国会への入館手続きを省略できる国会の入館証が与えられているが、一般の職員が使用できる共有の入館証はごくわずかである。各省庁に配布する入館証の数が足りていないので、多くの職員は入館手続きのために日々時間をロスしている。国会の入館証の数は大幅に増やすべきだ。こういう細かいことも誰かが言っていかないと改善していかないのである。

9. 国会議員の研修

これまで述べてきたように、霞が関の働き方改革は国民生活を守るために、待ったなしだ。昨年からメディアに働きかけるだけでなく、各党の国会議員の皆さんとも対話を進めている。趣旨に賛同して下さり改革を進めるべきと思って下さる国会議員もいるが、対話を重ねる中で気づいたことがある。それは、国会議員も自分たちの仕事や霞が関とのコミュニケーションが、結果的にどのような仕事を発生させているか知らないということだ。多くの議員は、質問内容を通告した後の役所側の業務フローを知らないと言う。これは、確かに大きな課題だ。

ほとんどの国会議員は、あえて官僚に無駄な仕事をさせたり、嫌がらせをしようとしているわけではない。中には、ややパワハラに類するケースもあるが、政権の不適切な行為の追及や役所の業務執行の適正性のチェックだとか、それぞれの正義を実現しようとしているのだと思う。自分たちの動きが、どのように他者の仕事に影響を与えるのかを知ることで、個々の議員の行動や発注を効率的にするための一助になるはずだ。

国会議員と話していて驚いたのは、そもそも議員になった時に研修というものがないということだった。霞が関との関係だけがテーマではないが、それを含めて国会議員として最低限知っておくべき内容の研修を導入してはどうかと思う。

10. 国会議員と官僚の交流

国会議員の皆さんに、霞が関の業務と国会議員の関係を知っていただくことも非常に大事だが、昔に比べて国会議員と官僚の交流が減ったことの弊害も感じている。

官僚の立場からすると、国会議員が役所に政策について指摘する時は、ほとんどの場合誰かの利益を背負って発言しているわけだから、本来その国会議員の発言の背景をつかみとって、一度同じ立場に立って思考することが大事だと思う。

100%実現できることは少なくても、その思考の過程を国会議員と一緒になぞることで、一歩前に政策を進められる可能性もあるし、国会議員の側も色々検討した結果、現状ではここまで進めることができると納得できる。要するに20%実現できたと思うのか、80%取り入れられなかったと思うのかは大きな違いなのだ。その辺りの検討過程が国会議員から見てブラックボックスに入ると不信感がつのるし、官僚としても「国会議員は面倒くさいことを言ってくるから、なるべく情報を出さないようにしよう、接触を減らそう」という考えになりがちだ。こうした相互不信が、余計な軋轢や霞が関の業務をかえって増やしている部分があるように感じる。北風と太陽の北風のようなものだ。

突然、仕事で役所の組織を背負って、国会議員と対峙する場面に放り込まれると、どうしてもディフェンシブになり、なかなか対話が成り立たない。平時からもう少し政党を問わず、若手の国会議員と若手の官僚が勉強会をする機会などを増やせないだろうか。そうすれば、国会議員側の政策の理解も上がるし、官僚側も国会議員やその背後の支持者の立場を理解する機会が増える。勉強会でなくても、国会議員と官僚が一緒に現場に見学に行く機会などもとても大事だ。場合によっては、民間団体がそういう場を設定した方が円滑に行くこともある。対峙関係にならずに、現場を見に来たという共通の目的を持つ者同士として、少し利害を横に置いて交流することができるからだ。

国民から見れば、国会議員だろうが官僚だろうが、税金を使って国民のための仕事をしているのだから、円滑に議論を進めてよい政策を作ることに時間を使ってほしいと思う。国会議員と官僚は一定の緊張関係は必要だと思うが、それは相互理解があっての政策論議であるべきと強く思う。

あとがき

２０２０年9月16日、安倍晋三総理の辞任を受けて、菅内閣が発足しました。直前の自民党総裁選の最中、僕は何度かメディアの取材を受けました。安倍内閣の行き過ぎた官邸主導は問題ではないか。菅官房長官は官僚の人事を掌握して意のままに霞が関を操縦してきたが、官僚が委縮して政策的な進言もできなくなっているのではないか。そういった問題意識から、官邸主導の是非について様々な番組が取り上げました。

政治家は選挙で選ばれているのだから、官僚は政治家の言うことを聞いていればよいという意見、逆に行き過ぎた官邸主導の危険性を指摘する意見に二分されました。

僕は、官邸主導には大いに良い面があると思います。政策が、早く大きく動くようになったというよい効果が間違いなくありました。また、業界団体など関係者だけではなく、より多くの一般の方の人気を気にして政策を決めるようになったことも望ましいことです。サービスの供給サイド中心の政策から、ユーザーサイドの意見を取り入れるようになってきたからです。
一方で、これまでの官邸主導が、すべて問題ないとは思いません。少数の側近が国民の人気を推し測り、専門家である各省の官僚を含めた各方面との事前の調整なく政策を決めることも増えました。また、支持率を重視するあまり、実務のフローやスケジュールを度外視して、国民の関心のあるうちに政策を次々に打ち出すようになりました。民意を読み間違えた政策を打ち出すこともありますし、無茶なスケジュールで霞が関や自治体の現場にしわ寄せが出ています。コロナ禍では、アベノマスクが全世帯に配布されたり、給付金がなかなか届かなかったりしました。

こうした政治状況が、霞が関の疲弊をもたらしています。現実的な納期を無視した意思決定がなされる一方で、マンパワーは増えません。また、話題がホットなうちに支持率を上げたいのは野党も同じです。政権批判が厳しくなり、その対応に官僚たちは追われるようになりました。野党に情報を渡すのは政権にとってマイナスなので、野党合同ヒアリングなどで官僚が情報を出すことは、政府の政治家の了解なくできません。情報を出すことを許されていない官僚は、のらりくらりとゼロ回答を続けるほかありません。

官僚の疲弊の背景にあるものは、ブラックな労働環境に加えて、積み上げてきた政策の知見が活かされず、上から突如降ってきた政策の実現に奔走するようになり、答えようのない追及に対する説明に追われる虚しさです。それだけで精一杯になり、政策を考える時間も政策のネタをつかむために現場を見る時間もとれなくなっています。

元々、官僚になる人たちは、社会のために、国民のために政策をつくりたいという思いで、条件のよい民間企業よりも霞が関を選んでいる人が多いのですが、体力的にもきつく、時に家庭を犠牲にする中で「なんのために働いているんだろう」と感じることが多くなりました。これが、昨今の若手の離職の増加や採用難の最大の要因です。

「私は、仕事が面白ければ忙しくてもいいと思っていたが、政治に翻弄されて右往左往する幹部を見ていて、これは違うと思った」「世の中のために変えるべきだということを提案したら、同僚や上司に『それって、大臣とか国会議員とか関係団体などから言われたの？　誰からも言われていないなら、忙しいのだからやらなくてもいいよ』と言われて転職を決意した」。いずれも、最近霞が関を去ったエース級の職員の声です。

近年、官僚は生活者や現場のニーズをくみ取る時間、課題を解決するための政策を考える時間が圧倒的に少なくなりました。僕自身も官僚時代の最後の方は激務の合間に「自分は政策のプロのはずなのに、なんでこんなに政策を考える時間がないのだろう」という思いが日に日に強くなりました。

政権の支持率が選挙結果に直結する中で、官邸主導の流れは誰が政権をとっても変わらないと思います。強いリーダーシップで、よい方向に政策を大きく早く動かせば国民のためになるし、民意を読み間違えれば評判の悪い政策に巨額の税金が使われます。必要なのは、官邸主導を基本にしつつ、よい政策が決められる可能性を高め、おかしな政策が決められる可能性を極力減らすことです。これを実現する力があるのは、国民だけです。与党も野党も一番気にしているのは、国民からの支持率だからです。官邸主導か官僚主導かというのは不毛な議論です。官邸でも官僚でも「よい人」に権力を与えたらすべてうまくいくなんていうことはないのです。

だから、選挙と選挙の合間が本当に大事なのです。その都度出てきた課題に多くの一般の方が声を上げていくことでしか政策はよくなりません。コロナ禍の10万円一律給付も、検察庁法改正法案の断念も、一般の多くの人の声を政権が取り上げて軌道修正した結果です。権力者は官僚の言うことは聞かなくても、国民の言うことは聞きます。それでいいのです。官邸主導だろうがなんだろうが、自分のやっていることが国民のためになっていると思えば、それが官僚たちの幸せでもあるのです。

どうか、権力者を選ぶ時だけでなく、選んだあとの政策の中身をウォッチし続けてください。白紙委任をされたらどんな権力者も道を間違えます。大事なのは「誰が」ではなく「何を」なのです。官僚も官邸も国民が何を求めているか分からなくなっています。だからどうか、声を上げて国民に届くよい政策を作るプロセスに協力をしてほしいのです。そして、政策の中身とともに、税金で飯を食っている国会議員と官僚に「くだらない仕事に時間を使うな」と声を上げてください。

簡単に始められることがあります。ツイッターで気になる政治家をフォローしてみてください。ほとんどの国会議員はツイッターをやっています。議員の考えや活動が分かりますし、コメントをすれば大概見ています。

あの人がいい、あの人は敵だ、あの人を支持する人は味方だ、自分の支持する人を批判する人は敵だ、そういう二項対立を乗り越えなければ、本当に国民に届く政策はつくれません。政策の中身で与野党の支持率が動く、そういう状況を作るしかありません。それが実現できた時、官僚たちの日々も「与野党のケンカを支える」から「国民のための政策を考える」に変わっていきます。それが、政策という手段で社会をよくしていくことに人生をささげた僕の願いです。

初めての著作の執筆に当たって僕を常に温かく指導してくださった新潮社ノンフィクション編集部の内山淳介さんに心より感謝いたします。また、自分を成長させ、いつも支えてくれる家族、友人、霞が関の同僚や先輩・後輩、政治家、企業・NPO、自治体、メディア関係の仲間たちに心から感謝いたします。千正組という僕の会社名は、こういう仲間たちと一緒に社会をよくしていきたいという思いを込めたものです。

そして、現役の官僚だった約10年前から、僕のネット上の政策に関する発信を見て多くのコメントを下さり、メディアでの発信にもフィードバックを下さる読者の皆様に心から感謝いたします。

最後に、僕の決断をいつも尊重してそばで応援してくれる妻・宏美と、日々癒してくれる愛犬のピッピに心から感謝します。

２０２０年９月

千正康裕

千正康裕　1975(昭和50)年生まれ。慶應義塾大学法学部を卒業後、厚生労働省入省。社会保障や労働政策を進めるほか、大使館勤務や秘書官も経験。2019年9月退官。現在は株式会社千正組代表。

Ⓢ新潮新書

885

ブラック霞《かすみ》が関《せき》

著者　千正康裕《せんしょうやすひろ》

2020年11月20日　発行

発行者　佐藤隆信

発行所　株式会社新潮社

〒162-8711　東京都新宿区矢来町71番地
編集部(03)3266-5430　読者係(03)3266-5111
https://www.shinchosha.co.jp

図版製作　ブリュッケ

印刷所　株式会社光邦

製本所　加藤製本株式会社

ISBN978-4-10-610885-3 C0231